集英社新書ノンフィクション

ある北朝鮮テロリストの生と死

証言・ラングーン事件

羅鍾一 著
永野慎一郎 訳

テロ事件発生直後のミャンマーの聖地・アウンサン廟の様子。
爆弾により木造の建物が粉砕されて骨格がむき出しになり、木片があたり一面に散乱している。（写真：Yonhap／アフロ）

日本語版への序

本書が日本で出版される運びとなり、大慶の至りである。本書が当初韓国で出版された際には、翻訳される以前から多くの外国メディアが関心を示してくれた。『ニューヨーク・タイムズ』は一面中央に、写真とともにこの本に関する紹介記事を書き、三面には著者のインタビュー記事を掲載し、『朝日新聞』もデジタル版にインタビュー記事を掲載した。シンガポールの『ストレイツ・タイムズ』、インドの『ビジネス・スタンダード』、およびオンライン英字紙の『ディプロマット』も本書に関する記事を掲載した。そして、ロンドン大学やオランダのライデン大学などで講演を頼まれ、オランダの全国紙『トラウ』にインタビュー記事が掲載された。

このような海外での本書への関心と比較して、韓国国内では期待したほどの評価がなされなかった。関心を抱かれるどころか、むしろ批判の声さえ上がった。特に、以前一緒に働いていた金大中《キムデジュン》政権時代の同僚たち、とりわけ政党関係者からは抗議を受けたこともあった。彼らはこの本が金大中政権に対する批判だと受け止め、誤解していたのだ。

二〇一四年にラングーン事件（アウンサン廟《びょう》爆破事件）三一周年に際し、韓国政府はアウンサン廟殉国使節の犠牲者を追慕する記念碑を建立し、ミャンマーの現地で追悼行事を行った。しかし、そのときに発表された談話は、一世代前のものを基本的に繰り返すだけであった。事件発生当時、ラングーン事件に対する韓国の主たる反応はおおむね三つに分けられた。北朝鮮の蛮行を憎むもの、韓国側の多大な犠牲を悼むもの、そして安保の護持を強調するものである。それから三〇年が経《た》ち、記念碑が現地に建立されながらも、いまだに当時と同じことを言っているのだ。

聖書によれば、人類最初の殺人者はカインであり、被害者は弟アベルであるとされる。しかし、現実には加害者と被害者を区別できない場合が多くある。実は加害者の方が被害者意識が強く、実際に自分が被害者だと主張する場合も多い。

朝鮮半島において、南北があたかも「カインとアベル」の物語のような対立を続ける中で、犠牲になっている人たちに関する話はまったく出なかった。その間、世界は大きく変わったが、朝鮮半島では今もなお二〇世紀半ば以来の対立状況が継続しており、現在も我々の目の前で犠牲にされている人々がいる。この本の主人公である男性の場合もその一人に過ぎない。韓国では、現在もこの事件に関して陰謀論的な解釈がある。

読者諸氏に一つだけお願いしたい。まずはこの話を落ち着いて最後まで読んでいただきたい。それから本書の主人公の生と死に関して、私たちが顔を背け、忘れてしまってもよいのか、さもなければ、哀悼を捧《ささ》げるとともに反省する余地もあるのではないか、判断してほしいと願うのである。

本書の日本語版の出版は特別な意味を持っている。日韓両国とも、整理すべき過去の記憶が多く残っており、特に、国家と人々との関係に関して考えるべきことがたくさんあるからである。

本書の出版にあたり、本の内容の整理など特段のご尽力をされた永野慎一郎教授と集英社新書編集部の皆様に感謝の意を表したい。

二〇二一年三月

嘉泉《カチヨン》大学研究室にて

羅鍾一

韓国語版での序

私が今から語ろうとしているのは、異国ビルマ（現在のミャンマー）で死んだ一人の北朝鮮男性の生と死に関する話である。彼はカン・ミンチョルという名前で世に知られている。しかし、彼の本当の名前はカン・ヨンチョルなのである。カン・ミンチョルというのは、特別な任務を遂行する上で国家がつけた名前で、いわば非合法活動をするテロ集団や、特別な任務で活動する人々が使用している別名や作戦上の名前にあたる。北朝鮮では、特殊なテロ活動や情報関係の職務ではない普通の政務職や行政職についている人たちでさえ、本名以外の偽名を持っている場合がある。彼は偽名であるカン・ミンチョルとして活動し、その生涯を終えた。

したがって、本書では彼自身の人生のほぼ半分に相当する二五年の間使用していた偽名の、カン・ミンチョルという呼び名を使用することにする。なぜなら、彼はカン・ミンチョルとして世に知られ、人々の関心の対象となったのであり、偽名で活動していた特殊な事件の主人公であったからだ。

彼は異国ビルマの首都ラングーン（現在のヤンゴン）近郊の刑務所で死を迎えた。自由の身としてではなく、四半世紀の歳月を刑務所で暮らし、服役中にこの世を去った。彼の死に関心を持つ者は特にいなかった。死因については確認するすべはない。死後、遺体は火葬され、灰さえも残っていない。彼は病気で死んだのではなく、他に原因があるという噂《うわさ》もある。

公式には、彼は肝臓がんで死んだと記録されている。しかし、一緒に服役していた人たちの証言によると、彼は死ぬ直前まで健康であり、ときどきお腹《なか》が痛いという話があった程度で、深刻な病気の症状はまったく見られなかったという。そのため、彼は殺されたのだという話さえある。服役中のカン・ミンチョルは、北朝鮮政権が自分を暗殺しようとするのではないかと恐れ、そのせいであらゆることに注意し、特に食べ物には気をつけていたという証言もある。このような証言が、どの程度根拠があるのか、確認する方法はない。

ともあれカン・ミンチョルは、結局あれほどまでに夢に見た故国に帰れないまま、囚人の身分で死んだ。刑務所の受刑者たちは、カン・ミンチョルがとても結婚したがっていたと証言した。彼は長期にわたって、不治の病に苦しみながらまともな治療も受けられず、激しい苦痛の末に刑務所内ではなく、病院へと運ばれる車の中で人生を終えたと伝えられている。

彼は終身刑囚でありながらも、いつか自由の身になって、北であれ南であれ、祖国に帰りたいと願っていた。それができなければ、どこか海外のコリアンが住んでいるところに行き、同じ血を分け合っている民族同士、母国語で話しながら、自由な生活を営み、余生を送りたいという希望を持っていた。

カン・ミンチョルは、死ぬ直前までその希望を捨てなかった。しかし、彼がそれほど渇望していた祖国は、そして同胞たちは、彼を見捨て、知らぬふりを決め込んだため、彼の夢が叶《かな》えられることはなかった。彼を悲惨な運命に追い込んだ者たち、彼が犯した犯罪に直接・間接的に責任のある立場の人たち、そして彼の苦痛に満ちた生と死に関わっていた者たちの中に、今や彼の名前さえ覚えている人がいるかどうかも疑問である。

事態は彼が死んだ後も変わらなかった。南であれ北であれ、彼の死を哀悼するどころか、関心を寄せる人間さえもいなかった。かくして一人の男性は、独りで苦痛の果てに死んで、忘れ去られたのである。本書は、このように死んでいった一人の男性の生と死にまつわる物語である。

したがって、この本は国家による隠された犯罪の話だとも言える。カン・ミンチョルの悲惨な運命は、考え方によっては彼が生まれる前からすでに定まっていたのかもしれない。いわゆる「ラングーン事件」とは、北朝鮮が突発的に引き起こした凶悪事件の一つに過ぎないなどと単純な見方をしてはいけない。分断後、朝鮮半島でたびたび発生した、そして現在も続いているいくつもの事件の中の一つとして位置付けるべきである。これは国を二分して争ってきた二つの政権の間で、いまだに続く対立関係の文脈の中で起こった事件なのである。

北朝鮮が全斗煥《チョンドゥファン》大統領の暗殺を決定した背景には一九八〇年の光州《クアンジュ》事件がある。したがって、このラングーン事件に関する話は、一九八三年ではなく、少なくともそれより三年前、一九八〇年の朝鮮半島南部にある全羅南道《チョルラナムド》光州から始めなければならない。

なお、本書はある特定の国や政権、または人物を批判するためのものではない。それよりも、一人の男性の痛ましい生と孤独な死を通して、現在私たちが直面している歴史的・政治的状況と、人間として持つべきさまざまな条件を思い起こそうと意図したものである。七十余年持続している朝鮮半島の分断状況において起こった、そしてこれからも起こり得る、さらには私たちの生活の根本的土台となっている近代民族国家と呼ばれる枠組みの中で、権力と個人の関係においてあり得る、または国家権力とその国家が保護しなければならない国民との間で起こり得る、一般的な不条理の一例を示すものである。

本書は大きく分けて、二つの部分で構成されている。前半は主人公が直面していた歴史的状況、すなわち、彼から人間としての生の機会を奪い、悲惨な運命に押し込んだ非情な現実の背景を探る。朝鮮半島で七十余年にわたって進行してきた現実を正確に分析しなければ、カン・ミンチョルの生涯は単なる一過性の話に過ぎないとみなされ、矮小化《わいしょう》化されてしまう恐れがある。

後半は、この主人公の個人的な人生と、彼が関わった事件に関する話である。この本を準備する過程で困ったのは、事実を再構成するための資料が少なかったことであった。特に北朝鮮側の資料はほとんどなく、恐らく今後も相当の期間は入手不可能であろう。しかし、不充分ながら若干の資料と、当時現場にいたか、あるいは事件に直接または間接的に関与した人たちの回顧録が参考になった。ビルマ政府の公式刊行物『ビルマの殉難者廟爆破事件に関する裁判』(The Judgement of the Burmese Martyr Mausoleum Bombing Case)と朴昌錫《パクチャンソク》の『アウンサンリポート』は、良い参考資料となった。事件当時、韓国日報の記者であった朴昌錫は、テロ現場で奇跡的に難を免れて生き残り、自らの体験を貴重な記録として残している。

各種メディアの関連記事も参考にした。当時の駐ビルマ韓国大使館政務参事官として勤務していた宋永植《ソンヨンシク》による回顧録『私の話』は、事件現場での経験を生々しく記録した貴重な資料である。事件後、駐ビルマ大使館参事官として勤務した申鳳吉《シンボンキル》の『時間が止まった地、ミャンマー』もこの事件を深く掘り下げて書かれた本で、大いに役に立った。張世東《チャンセトン》の『日海《イルヘ》財団』は、日海財団がラングーン事件の被害者支援事業の一環として設立された経緯があり、多数の公的資料を活用しているため、大変参考になった。

二〇一三年には、ミャンマーの作家カウンテットが『アウンサン廟爆弾テロ事件』という本を刊行した。これも当時の状況を再構成する上で参考になった。それ以外には、主に韓国とビルマでこの事件に関係した方々の証言に依拠した。多くの方々が過去の記憶を思い出しながら、あるいは彼らが大切に保管している記録を参考にしながら、本書の執筆に協力してくれた。ビルマでカン・ミンチョルと公的に、あるいは刑務所生活の中で私的に関係を持った人たちも彼が事件について語った会話の内容を聞かせてくれた。しかしこれらの資料はすべて慎重に扱う必要がある。

カン・ミンチョルの刑務所生活に関しても、ビルマ政府の公安関係者で、彼と関係していた人たちの証言を聞いた。そして、彼と一緒に服役していた人たちにも面会して話を聞くことができた。そのうちの一人ウィンティンは、アウンサンスーチーが率いるビルマの「国民民主連盟」の副代表を務めた方である。また、他の二人は裕福な事業家で、そのうちの一人、アウンテインは、カン・ミンチョルにキリスト教の教えを説き、「マタイ」という洗礼名をつけた人物である。これらの人たちによる証言は、おおむね一致したが、細かいところでは整合性に欠ける部分もあった。この点に関しては、著者が一定の基準を設けて推論しながら書いたものである。

なお、一つだけご了解をいただきたいのは、ラングーン事件当時の国名だった「ビルマ」は、一九八九年に「ミャンマー」に変わったが、この本では事件当時の国名である「ビルマ」を使用しているということである。叙述している時期を厳密に区別するのが難しいだけでなく、事件当時の記憶があまりにも強烈で、読者にはまだ「ビルマ」という国名から受けるイメージの方が強いと思うためである。ご了解を賜りたい。

服役中にカン・ミンチョルはビルマ語を学んで流暢《りゅうちょう》に使っていたと伝えられている。彼がビルマ語を学んだのはラングーンのインセイン刑務所に収監される前の、軍の特殊刑務所にいた時であった。使役人として雑用に従事していた脱走兵出身の受刑者たちから学んだらしい。当然、彼のビルマ語には限界があった。カン・ミンチョルは日常生活ではビルマ語を不便なく使えるようになったが、文字読解は不可能だったという。

人の記憶は、しばしば当事者本人も欺くことがある。さらに、刑務所という特殊な環境での会話の記憶をそのまま資料として活用することに対しては、常に注意しなければならない。たとえば、カン・ミンチョルは、服役中、自分の母親がもともとクリスチャンであり、家に聖書と十字架が隠してあったという話をしていたようだ。しかし、北朝鮮において、特殊な業務に従事する軍人の境遇で、このようなことが現実的に可能だろうか。特に、話を聞いた同僚受刑者はキリスト教信者であったので、額面通りに受け取れるかは疑問である。

その他に、北朝鮮でカン・ミンチョルと同じ組織や関連機関で働いていたが、脱北して現在韓国に住んでいる人たちの証言も参考にした。彼らが直接経験したことを詳細に教えてくれたので、状況を再構成するのに大変参考になった。この場を借りてご協力いただいたすべての方々に感謝の意を表したい。

この事件に関連した資料は、特に、北朝鮮側の資料などはほとんど公開されていない。したがって、詳細な事実に関しては誤謬《ごびゅう》があるかもしれない。いや当然あり得ると思う。

しかし、私は現時点で可能な限り多くの資料を収集し、それを丁寧に整理したつもりである。したがって、本書の記録は概して事実と大きく違っていないと信じている。

現在重要なことは、本書の主題に関する私たちの記憶を蘇《よみがえ》らせることであり、主人公とその関連人物たちが経験したことが私たちに提起している問題を正しく認識することだと信じている。私なりに、同民族である一人の男性の生と死に関する記憶を蘇らせたい、という意欲一つでこの作業を開始したが、意外にも周りからの共感はもちろん、理解を求めることさえも容易ではなかった。それにもかかわらずこの本を世に出そうとしているときに、出版を引き受けて下さった「チャンビ」編集部の皆様に感謝申し上げたい。

二〇一三年九月

羅鍾一

目次

生きようとする意欲と精神力／テロリストたちを見捨てた祖国／
国家の命令には逆らえない／消された人間／
国家命令に服従し犠牲になった若者／事件処理におけるビルマの厳格な態度／
ラングーン事件で北朝鮮は孤立を招く／
テロリストたちの裁判――死刑の判決が下される／
終身刑に減刑されたカン・ミンチョル

第七章

テロリスト、カン・ミンチョルの生と死――

カン・ミンチョル、またはカン・ヨンチョル／
テロリストとして育てられた若者／殺人的な特殊部隊での訓練／
生き残ったテロリストの苦悩／北朝鮮当局に対する不信感／
心境の変化と「生への意思」／国民に死を強要すべきでない／
服役中にキリスト教に入信／余生は韓国で暮らしたい！／
二五年間の刑務所生活／祖国に対する怨恨と憧憬

地図作成／MOTHER

本書では国名、地名、人名などの固有名詞は、日本で一般的に使用されている表記を踏襲した。たとえば、大韓民国を「韓国」、朝鮮民主主義人民共和国を「北朝鮮」、両国合わせた領域を朝鮮半島、あるいは南北朝鮮などと表記し、人名および地名も可能な限り漢字にした。しかし、南北ともに、特に最近ではハングル文化が普及しているため、北朝鮮は言うまでもなく、韓国においても登場人物たちの漢字名を探すのに大変苦労した。羅教授の尽力で相当分は追跡できたが、それでもわからないものはカタカナ表記とした。本書の主人公であるカン・ミンチョルについても、そもそもが作戦上の偽名であることに加え、正式な漢字表記の根拠となる資料を見つけ出すことができなかったため、カタカナ表記としている。他の二人のテロ実行犯についても同様である。あらかじめご了解をいただきたい。

なお、中国では、カン・ミンチョルを姜民哲《カンミンチョル》と表記していることを付け加えておく。

訳者

朝鮮半島関連地図

平安北道・新義州
平安南道・价川飛行場
元山・黄土島
江原道・通川
（カン・ミンチョルの出生地）
平壌・万景台
西海閘門
江原道・金剛山
開城
黄海南道・甕津
（東建愛国号が出発）
38度線／板門店
江原道・江陵
京畿道・汶山
ソウル
仁川・桂陽山
江原道・春川
（キャンプ・ペイジ米軍基地）
全羅南道・光州
釜山・多大浦海岸

ソウル市周辺拡大図

漢江
明洞カトリック教会
青瓦台
（大統領官邸）
仁川・桂陽山
金浦国際空港
汝矣島
永登浦
銅雀洞国立墓地
（1970年にテロ未遂事件発生）
仁川国際空港
仁川・実尾島
（実尾島事件）

ラングーン事件関連地図（1983年当時）

ラングーン市街拡大図

インヤーレイクホテル
インヤー湖
ラングーン管区
司法局特別法廷
迎賓館
(全斗煥韓国大統領らが滞在。
場所は推定)
韓国大使館
自動車整備工場
(事件前にテロリストらが目撃される)
アウンサン廟(殉難者廟)
ウィザヤ映画館
日本大使館
ウィサラ通り
シュエダゴン人民公園
シュエダゴン・パゴダ
北朝鮮大使館/
チョン・チャンフィ邸
(テロリストたちのアジト。
いずれも場所は特定できず、推定)
ビルマ外務省
カンドージ湖
ラングーン港
ラングーン人民総合病院
ラングーン川

プロローグ　ビルマの聖地アウンサン廟で何が起きたか

一九八三年一〇月九日。朝は小雨が降っていたが、やがてそれも止《や》み、湿気はあったもののの天気は晴れた。気温は二五度ほど、雨期と乾期の狭間《はざま》にあるビルマでは典型的な天気であった。テロリストたちにとっては運命の日である。ラングーンの国立墓地アウンサン廟（殉難者廟）を訪問する全斗煥韓国大統領の暗殺作戦を実行する日なのだ。アウンサン廟は、ビルマを訪問する国賓ならばその日程の最初に参拝するのが慣例となっていた。全斗煥大統領一行は世界を揺るがす大惨事に巻き込まれるなどとは夢にも思わず、早朝から慌ただしくラングーンでの行事の準備に取り掛かっていた。

他方、北朝鮮から重大な使命を受け、遠い道のりをやって来たテロリストたちは、一〇月七日午前二時、アウンサン廟の屋根に上り、屋根裏へのリモコン爆弾の設置作業を終えた。しかし、リモコンのスイッチをどこから押すかという問題をめぐって意見が割れた。カン・ミンチョルは、アウンサン廟が見下ろせるシュエダゴン・パゴダの最上階からにしようと主張したが、リーダー格のジン・モはこれに反対した。そこは観光客が多く自分たちの姿も見られやすいので、全斗煥大統領一行を乗せた車が通る道路際からの方がよいと主張したのだった。結局、リーダー格のジン・モの主張が通り、アウンサン廟から約一キロ離れた映画館付近からに決まった。運命の時間が刻々と迫っていた。

午前一〇時、ラングーン市内のインヤーレイクホテルに泊まっていた韓国側関係者と記者たちは、ビルマ側が提供した乗用車とバスに各々分乗し、アウンサン廟に向かった。これら韓国の訪問団一行は先に到着し、二列に並んで全大統領を待った。一〇時二三分頃、一行の中にいた李範錫《イボムソク》韓国外相は、顔見知りの記者に声をかけ、夜に会おうと言葉を交わした。これが記者と李外相が交わした最後の会話になろうとは、そのときには知る由もなかった。

一方、約束の時間が近づき、すべての準備が整ったにもかかわらず、迎賓館では出発の気配がなかった。全斗煥大統領の姿は見えず、秘書たちと随行員たちが時計を見ながら気を揉《も》んでいた。ビルマ外相がまだ到着していないのだ。予定では、彼は一〇時一五分には迎賓館に到着して全大統領に随行することになっていた。結局、ビルマ外相は四分遅れて到着し、そのために大統領一行は予定時間より四分遅れて、一〇時二四分に迎賓館を出発した。この四分の差がどれほど大きな結果をもたらすことになるかは、このときには想像もできなかった。

この時刻には、テロリストたちは、全斗煥大統領の車両が通ることになっているウィザヤ映画館前で見物に来た群衆に紛れ込んで、全大統領が通過するのを待っていた。一〇時二四分、黒塗りのベンツが韓国国旗をなびかせ、白バイの警護を受けながら通過した。この車は一分後にアウンサン廟に到着したが、車に乗っていたのは大統領ではなく李啓哲《イケチヨル》駐ビルマ大使であった。李大使は待っていた参列者たちに、大統領はまもなく到着すると伝えた。

テロリストたちは、今しがた通過した車に全斗煥大統領が乗っていたものと考えたのかもしれない。しかし実際は、全大統領はその時点ではまだ迎賓館にいた。運命のいたずらか、先の車両があたかも全大統領が乗っている車両であるかのような錯覚を呼び起こしたのであった。そのような錯覚が生じた背景には、ちょっとした理由が隠されていた。

その日の朝、李啓哲大使は大統領に呼ばれて迎賓館に立ち寄ってから、現場のアウンサン廟に向かった。その結果として、李大使は迎賓館から出発することになったのである。

さらに、李大使の車が会場に到着した時刻は、ちょうど全大統領の到着が予定されていた一〇時二五分であった。

李大使が大統領はまもなく到着するだろうと伝えると、参列者たちが整列を始めた。その矢先に、行事の開始を知らせるラッパの音が響いた。このラッパの音が全斗煥大統領にとっては決定的な幸運をもたらす響きとなった。行事が正式に開始される前に、ラッパ手がラッパを吹くなど、普通ではあり得ないことである。なぜ大統領が到着する前にラッパ手がラッパを吹いたのかはいまだにミステリとして残っている。ラッパ手も李啓哲大使を大統領として錯覚したのだろうか。そうでなければ、誰かの計略であろうか。

このラッパの音が、テロリストたちにとって決定的な合図となった。ラッパの音が止んだ後、少し間を置いてから、リーダー格のジン・モはリモコンのスイッチを押した。突然「バンッ」というすさまじい爆発音が轟《とどろ》くとともに稲妻のような閃光《せんこう》がピカッと走り、あたり一面が猛烈な爆風に包まれた。一瞬にして現場は修羅場と化した。木造の廟の建物はあっという間に崩れ落ち、屋根も吹き飛んだ。その残骸の下敷きになり参列者たちが押しつぶされた。廟の周りの建物からは人々が狂乱状態で飛び出した。

そのとき、全斗煥大統領を乗せた車両は、まだアウンサン廟から一・五キロ離れた地点にいた。幸運にも大統領は難を逃れたのであった。先遣隊の警護員から爆発の緊急連絡を受けた全斗煥大統領は、ただちに迎賓館に戻るように指示し、迎賓館で緊急対策会議を開いた。

アウンサン廟の爆破によって、現場に先に到着して待機していた閣僚および政府関係者やマスコミ関係者など韓国側の一七人が亡くなり、ビルマ側も要人四人が命を落とす大惨事となった。負傷者も両国で合計四六人に達した。

これが本書が主題とする、一九八三年のいわゆる「ラングーン事件」のあらましである。

第一章　南北分断の悲劇

私たちはみんな、国籍や民族や宗教を超えた、独立した人間なのです。システムと呼ばれる強固な壁に直面している壊れやすい卵なのです。……壁はあまりにも高く、強固で、そして冷たいのです。

村上春樹（二〇〇九年、エルサレム賞受賞スピーチ）

同族相克の南北関係

第二次世界大戦終結に伴って行われた戦後処理で、不本意にも朝鮮半島は三八度線を境に南北に分断された。これは連合国の都合によってなされた措置であった。朝鮮民族にとって、日本の植民地支配から解放された喜びは束の間《つかま》に消え去り、大韓民国と朝鮮民主主義人民共和国という、異なる体制に基づいた二つの政権が南北にそれぞれ誕生することになった。両政権は、一方では同族であるという友誼《ゆうぎ》を確認し合いながら、他方では相手に対する敵意を丸出しにするなど、複雑な葛藤をあらわにしてきた。その後の朝鮮半島で起きたすべての事件は、血を分けた同じ民族間の対立と葛藤、そしてそれによる争いという歴史的文脈を抜きにしては語れない。

朝鮮半島はおよそ七五年にわたり「一つの国でも二つの国でもない」状態に陥っている。いっそのこと両国が統一を考えず、互いに隣国のように考えながら共生すればよいのではないかという意見すらある。しかし、これは不可能な話だ。双方とも一つの運命のとりこになっており、指導者たちにはそこから抜け出したいという意思もなければ、能力もない。双方ともに問題の根本原因は相手側の存在にあると考えている以上、相手を破滅させなければならない運命にある。南北朝鮮はそのような宿命として結びつけられているのである。

南北両地域において、一般国民が自らこのゲームに積極的に参加しているわけではない。普通の人にとっては他の国々と同様に、自分たちの生活と家族の福祉や幸福こそが優先事項である。このゲームを主導しているのはあくまでも権力の中枢にいる一部の人たちなのであり、それを支えている人は相対的に少数である。彼らは個人的、政治的、またはイデオロギー的な何らかの理由で統一のための闘争に参加しているだけである。

問題なのは少数の人が多数の人を統制し、動かすことができる仕組みである。これに加えて、南北間のゲームをより複雑にさせているのは、周辺に布陣している強大国に互いが密接な関係を持っていることだ。この難解なゲームに運悪く引っ掛かってしまったら、抜け出すのは極めて難しい。

同族間の戦争――軍事的解決ならず

南北分断から五年が経過した一九五〇年、金日成《キムイルソン》率いる北朝鮮軍はソ連の支援を受けて三八度線を越え、南に侵攻した。これが朝鮮戦争の始まりであった。この戦争においてソ連は北朝鮮を単に兵站《へいたん》や軍備の面だけでなく、戦略的、戦術的にも支援した。このことに関しては、ソ連邦崩壊後に公開された公文書によって明らかになったように、スターリンが直接介入していたとされる。また、毛沢東の承認の上で、中国が「志願兵」という美名のもとに大軍を派遣するなど、周囲の社会主義諸国間では事前に調整が行われていた。

対して、国連軍が韓国支援のために参戦し、南北間の軍事衝突は世界的な戦争へと発展した。ソ連や中国などの社会主義諸国は、それぞれ思惑の違いはあったにしても、共通の目標を有していた。すなわち、朝鮮半島に統一された共産主義国家を樹立して、北東アジアにおける米国の地位に打撃を与え、世界的に社会主義陣営の地位を高めることである。

米国をはじめ、西側陣営も北朝鮮による南侵を重大な挑戦と受け止め、一六か国から成る国連軍を構成して対抗した。結果、朝鮮半島では大規模かつ凄惨な殺戮《さつりく》と破壊が展開されることとなった。この戦争のもう一つの特徴は、民間人を含む非戦闘員の間での殺傷が展開されたことである。戦線だけでなく、街や村において、また、親族の間でも殺戮が行われた。大義名分や理由も多様であり、軍事上の必要から、自由や正義といった社会的理念のため、強力な統一国家建設のため、あるいは単純な恨みや報復などさまざまである。

一方、韓国政府も道義的な面において責任がないとは言えない。韓国政府は常日頃から平和的な統一を強調していながら、実際は北と同様、軍事的な解決策を模索していた。李《イ》承晩《スンマン》も能力があったら「北」を攻撃していたかもしれないのである。そのためには、米国の支援が必須であったが、米国にはそのような意思がまったくなかっただけでなく、むしろ韓国が軍事行動を起こすのではないかと神経を遣い、そうさせないように牽制《けんせい》していた。

当時の状況では、軍事的には北朝鮮の方が圧倒的に有利であったにもかかわらず、韓国の李承晩は軍事的統一に拘《こだわ》っていた。それだけでなく、自分たちの軍事的能力に関して根拠もなく大言壮語していた。戦争が始まれば、ただちに「北に進撃して共産主義下で抑圧を受けている同胞たちを救出し、統一を達成する」「戦争になれば、昼食は平壌《ピョンヤン》で、夕食は新義州《シンウィジュ》（北朝鮮北部にある中国との国境地域の都市）でとる」と吹聴《ふいちょう》していたのである。軍事的な手段による解決をほのめかしていたのであった。

北からの軍事的脅威が迫っている証拠が数多く寄せられても、米国は平然たる態度を崩さなかった。戦争勃発の数か月前に、時のアチソン国務長官が「米国のアジアにおける防衛線から朝鮮半島を除外する」との声明を発表するなど、北朝鮮を勇気づける有様だった。

金日成の南侵計画は軍事面に限られたものではなかった。彼は韓国統治下にある「南」地域に存在した三〇万、または五〇万とも推定される親北勢力に期待していた。彼らを蜂起させて韓国内で混乱を起こさせるか、あるいは韓国側の戦争遂行を妨害させる計画もあった。李承晩政府もこの動きを見逃すわけにはいかなかった。そこで、北朝鮮軍の圧倒的な攻勢を阻止できないことを危惧した李承晩政権は、親北と見られる人たちを大量虐殺した。この虐殺行為には法的手続きはなく、まともな調査もなかった。虐殺された人々の中には親北勢力と関係のなかった人も相当存在していたと見られる。

それに併せて、戦争開始の三日前に金日成は人道問題にかこつけて平和交渉を提案した。南北双方に抑留されている重要政治犯同士の交換を提案したのである。これは北朝鮮の一貫した対南統一戦略の一つであった。北朝鮮の政策においては政治と軍事が密接に関連づけられている。時期と状況によってどちらか一方が相対的により重要になることもある。しかしテロであっても、特殊部隊の襲撃であっても、あるいは全面戦争においても、いずれにせよ暴力行為は政治戦略の不可欠な要素とされる。その逆も同じで、政治は軍事的行動の重要な一部であった。政治と軍事は現在に至るまで、金日成一族の対南戦略においてコインの表裏のようなものである。分断初期から、「南」に派遣する非正規軍の訓練において政治教育は必須科目であった。

金日成は朝鮮半島の統一を達成し、共産主義政権を樹立する目的で戦争を始めたが、結果は正反対のものとなった。「南」に残っていた革命的、または社会主義化への潜在的可能性は、人的要素や理念的要因も含めて、戦争中に完全に撲滅されてしまった。戦争によって、それまで芽生えていた社会主義や共産主義は言うまでもなく、革新的な政治の可能性までもが全滅したのである。朝鮮戦争は軍事的な対決から始まり、人為的に「敵・味方」に分けられ、民間を含めた同族同士が殺し合う怨恨の戦争に発展した。

金日成が始めた戦争は、結果的に韓国の保守派に大きな恩恵を与えることになった。長期にわたって、韓国の保守勢力は共産主義や社会主義に対する国民の反感を利用し、そこから利益を得たのである。彼らは北朝鮮の脅威に対する国民の不安を利用することで、長期にわたって政権を維持した。朝鮮戦争を経験した韓国民にとって政治や思想は頭や心の問題ではなく、内臓にまで浸《し》み込んだ怨恨の問題となった。反対陣営はもはや論争や政治的競争の対象ではなく、自分の血族を殺害した仇《かたき》として復讐《ふくしゅう》の対象となった。そして、一時は朝鮮半島から撤退した米軍は強力な勢力として再び進駐し、現在に至っている。

活《い》かされない「戦争の教訓」

朝鮮戦争による被害者の数は一〇〇〇万人を超えると推定されている。当時の南北を合わせた総人口約三〇〇〇万人のうち、三分の一以上が被害者になったのである。この数字が戦争の惨状を物語っている。

韓国国家記録院の統計によれば、死者、負傷者、行方不明・捕虜を含めた軍関係の被害者は、韓国軍が六二万人、国連軍が一五万人、北朝鮮軍で八〇万人、そして中国軍が九七万人の合計二五四万人とされる。把握できない者も多いので、実際はもっと多いと見られる。また、この戦争は米軍と中国軍が直接戦う全面戦争へと発展し、朝鮮半島の全地域が戦場となったことから、軍人だけでなく、民間人の被害者も二〇〇〜三〇〇万人にのぼると見られる。これ以外に、避難民が数百万人発生している。

戦争を仕掛けた金日成は武力による統一国家の建設を企図していたが、誤った判断により、米国や中国など強大国を巻き込んだ戦争に発展し、戦場となった朝鮮半島は南も北も廃墟《はいきょ》状態となり、分断はさらに固定化されてしまった。世界史に類のない戦争を起こし、あれだけの被害を生じさせながらも、不思議にも、この誤った戦争に対する責任は誰もとっていない。むしろ反対に、権力を掌握している人たちの中からは、「英雄」が出現した。戦争に最も責任を負うべき金日成は「帝国主義者たちの侵略から祖国を守った偉大な指導者」として崇拝された。それだけでなく、金一族の政権は息子、さらには孫の代にまで継承され、三代にわたる金王国を形成している。

韓国においても、戦争を防止できず、自国民の生命保護もできなかったはずの李承晩は、少なくとも彼の支持者たちからは「共産主義の侵略から国を防衛した国父」と崇拝された。李承晩は独裁政権の首班として長期にわたり国政を執っていたが、一九六〇年、独裁政権反対を叫ぶ学生や市民によるデモが起こり、大統領職を辞任してハワイに亡命した。

同族同士で殺し合いの戦争を繰り広げ、二国間のみに留《とど》まらず、ともに支援してくれる強大国を味方に引き入れ、敵味方に分かれて世界的規模の戦争を演じておきながら、誰のための戦争であったかについて、反省はおろか、戦争の教訓を活かすことさえなく、南北の政権担当者たちはその後も依然として武力による解決を模索してきた。

南北両政権にとって、強力な軍隊を養成することが当面の最も重要な課題となった。すべての人々が望む統一の実現は、軍事力によるしかないとみなされた。両政権ともに、外国に依存しない自立した経済を建設することが要請され、国民の生活よりも、国家の経済が重要視された。それだけでなく、両政権とも市場経済ではなく、政府の統制による計画経済を好んだ。このように互いに似ている点が多い政権同士だったがゆえに、対立はさらに激化していった。

分断体制の成立後も、両体制がそれぞれ平和を維持し、相手の存在を認め合い交流を拡大させながら段階的に統一を目指していく、といった考えは存在しなかった。互いにとって自らの主張の正当性は自明であり、相手側は「逆賊」でしかなかった。このため、唯一の統一の方式は軍事的なものだけだとみなされた。しかし、この問題は軍事的な方法では解決できないということを悟るべきであろう。したがって、自分たちだけが正しいという発想を捨て、単眼でものを見るのではなく、複眼で見る必要がある。そして、同民族である以上、相手を敵とみなすのではなく、競争相手として見るという考え方も重要である。

二〇一二年、北朝鮮の住民が大水害に苦しんだとき、韓国は赤十字社を通じて救援物資の支援を提案した。対して、北朝鮮はまず支援物資の内容を問い合わせた。韓国は一〇〇億ウォン（当時のレートで約七億円）相当の小麦、ラーメン、医薬品だと告げた。すると北朝鮮はそのような物資は受け取れないと拒絶し、あろうことか非難まで浴びせてきた。双方ともに、人命よりも政治的戦略を優先していたのである。韓国には、水害被災者のための救援物資が北朝鮮の戦略物資として使われるのを防ぎたいとの思いがあった。その一方で、ラーメンのような必需品が北朝鮮住民に韓国に対する新しい認識を植え付け、さらには、韓国への憧れを抱かせることができるかもしれないという思惑も潜んでいた。

他方、北朝鮮としては、韓国の支援を受けるときには、政権にとって必要な支援を受けることの方が重要であった。すなわち、必要な物品を自分たちが望む方法でくれなければ、韓国が期待するような対話は行わない。対話がなければ、韓国も平和を享受して暮らすことはできないだろう。だから人民ではなくて自分たち政権にとって必要な物資をまずは寄こせ、というメッセージなのである。このような二つの政権間で繰り広げられる戦略的な政治ゲームのために、本当に支援が必要な国民が救われないことになってしまう。国民にとって必要な物と、政治権力の欲する物とは異なっているのである。

朝鮮戦争中に、南北どちら側の兵士であれ、彼らの間で常識になった話がある。やむを得ず捕虜になる場合、外国の兵士に降伏する方を選んだという話である。すなわち、北朝鮮軍は韓国軍ではなく、米軍や他の外国軍に捕まる方を選んだし、韓国軍も北朝鮮軍ではなく、中国軍に降伏する方を選んだというのである。同族に捕まるよりもその方がはるかに良い待遇を期待できると考えたからであろう。外国軍に降伏すれば、ただの戦争捕虜程度の待遇を期待できるが、同族に捕まると、退屈で疲れる尋問の対象となる。単なる捕虜ではなく、間違った考えや行動に陥った犯罪者にして、民族と国家に対する反逆者とみなされる。いわば、国家と民族を裏切った「逆賊」になってしまうというのである。

南北の対峙《たいじ》と政治的葛藤

それぞれの国民に途方もない破壊と苦痛をもたらした同族間の熾烈《しれつ》な戦争が終わりを迎えた後、南北政権の指導者たちは後悔なり反省なりするどころか、戦争の責任をすべて他方に転嫁し、一層の軍備強化に努め、新たな戦争に備えた。

全面戦争に失敗した北朝鮮は、時おり小規模の特殊戦術攻撃を行った。少数の権力者たちによって立案された対南戦略は、世界情勢の変化や自分たちが置かれた立場、さらには相手側の韓国の実情などに関して正確な情報分析および客観的判断を行うことなく、自分たちに都合の良い情報のみに依拠し、自らが保有している暴力的な手段によって多大な成果を挙げることができると考えていた。非正規戦を繰り返すことで韓国民を不安に陥れ、政権を弱体化させ、究極的には大衆蜂起を起こすことができるだろうと想定したのである。

さらに北朝鮮は、韓国の政権に対する韓国民の不満と批判の程度を誤解または過大評価し、特に自分たちが韓国の強圧的な独裁政権以上に人民に支持されていないという点を見落としていた。この時期に北朝鮮が実施した小規模軍事行動を見ると、北朝鮮の権力層の思考方式と、彼らのやり方である武力手段による「革命戦略」の一面を知ることができる。

朝鮮戦争以降、北朝鮮の戦略は自らをいわゆる「革命の基地」にする戦略から、「南朝鮮革命論」へと変化を遂げた。この戦略は、北朝鮮ではすでに社会主義が確立されているのに対し、韓国ではまだ帝国主義と封建主義に対する革命の過程が進行中であるとの前提に立っていた。そして特に、一九六〇年に李承晩を退陣へと追い込んだ「四・一九学生革命」後には、韓国の「革命的力量」が醸成されていると誤解したのである。

もし北朝鮮が韓国の革命勢力の組織化に手を貸せば、適切な時期に革命が起こるだろうと彼らは考えた。つまり、北朝鮮の助けを借りて構築された韓国の革命勢力が機運の熟した時に蜂起し、さらにそこへ北朝鮮が小規模の武装兵力を送って支援すれば、韓国政府を転覆することができるはずだと構想したのである。最後の段階では、当然米軍が韓国の混乱状態に介入するであろうが、そのときには、北朝鮮の正規軍が南側に進軍して終結させればよいというシナリオであった。ここには朝鮮戦争の教訓はまったく活かされていない。

確かに一九六〇年代初め頃までは、北朝鮮の方が経済的に優位であったことは認められるが、その点を考慮したとしても、北朝鮮の指導者は韓国の事情を正確に認識せず、自分たちに有利なように解釈し判断していた。韓国の人々は、たびたびの飢饉《ききん》に苦しみ困窮生活が続き、独裁政権のもとで抑圧された生活を強いられてはいたが、北朝鮮が想定するような革命勢力が形成される土壌はなかったのである。

北朝鮮の小規模な軍事行動は、韓国が近代化し、先進国の入り口に到達した一九九〇年代の初めまで続いた。韓国が目覚ましい発展を成し遂げ、貧困と独裁政治の過去から抜け出した後も、北朝鮮は依然として武力革命路線を堅持した。

一九六八年一月、北朝鮮の一二四部隊に所属する三一人の特殊部隊員たちが朴正煕《パクチョンヒ》大統領暗殺のために大統領官邸への奇襲を企てた。その後も数回に渡って韓国に潜入し、いわゆる「革命基地」を形成しようとしたが、特に韓国の首都ソウルの中心部にある大統領官邸の青瓦台《せいがだい》に侵入し、大統領を暗殺しようとしたこのときの計画は、その大胆な構想と任務遂行能力の点で驚きであった。これがいわゆる青瓦台襲撃未遂事件である。

彼らは全員が韓国軍に変装し、青瓦台へと進入する直前に発覚し阻止されたが、万一進入に成功していたら、大統領を暗殺することもできただろう。さらに驚くべきは、彼らの行動のスピードであった。真冬の過酷な寒さの中、特殊部隊員らは韓国軍が築いた幾つもの阻止線を迅速に潜《くぐ》り抜けた。彼らは青瓦台の目前で交戦の末、二九人が射殺された。このときに韓国側も民間人が巻き添えになり、七人が死亡した。残った北の特殊部隊員のうち一人は生け捕りにされたものの、残りの一人は厳重な警戒を潜り抜けて北朝鮮に帰還したと見られる。この時に生け捕りにされた金新朝《キムシンチヨ》は、後に韓国でキリスト教に帰依し牧師になった。

同年一〇月三〇日から一一月二日にかけて、民間人に扮装《ふんそう》した北朝鮮の特殊部隊員たちが再び韓国に潜入した。一五人で一組をつくり、合計で八組という規模の特殊部隊の要員たちだった。彼らの任務は、韓国の山間僻地《へきち》に革命基地、または「解放区」を組織することだった。彼らは村落に潜入して住民たちを集め、煽動《せんどう》したり、あるいは威嚇したりしながら朝鮮労働党への入党を強要し、革命的事業に忠誠を尽くすという誓約を強要していった。住民が彼らの要求に素直に応じない場合には、ただちに処刑した。やがて韓国軍との交戦が起こり、北朝鮮部隊は一一三人が死亡し、七人が捕まった。

ある者は、北朝鮮政権の最上層部における権力承継問題をめぐる権力闘争の渦中で、このような事件が引き起こされたと証言している。一九六七年末頃には、金日成の弟である金英柱《キムヨンジュ》が後継者として有力候補に浮上していた。彼は統一問題で特出した業績を上げていたので、軍内部の革命勢力がこれを阻止しようとしたのだという。この勢力が推進したのが、いわゆる「南朝鮮革命と統一戦略」であった。原因は何であれ、権力を持った者たちがその権力を維持し、それをさらに強化しようとする過程で、罪なき一般民衆が犠牲となったことになる。度重なる失敗にもかかわらず、金日成―金正日《キムジョンイル》―金正恩《キムジョンウン》と三代にわたって続く北朝鮮政権の一貫した統一政策は、依然として軍事を優先する政治思想である。

このような破壊工作は北朝鮮だけのものではなかった。韓国政府も北朝鮮に対して特殊作戦を遂行したのだった。韓国も工作要員を養成して北朝鮮に送り込んだが、特に成果は得られなかった。そもそも北朝鮮は保安体制が厳重なので、韓国の工作員たちが活動できる余地は少なかったし、韓国当局は戦術や訓練の面で北朝鮮に立ち遅れていた。韓国側も複数回の特殊作戦を企図し、意味のない行動で犠牲者を出したが、これも同じく愚かな行為であった。北朝鮮のテロは、たとえ誤った判断であったとしても、それなりに政治的な状況判断に従い、一定の政治的目標を持って遂行されていたが、韓国の特殊作戦は、そうでさえなかった。北朝鮮の行動に対する報復や攪乱《かくらん》、情報収集など、場当たり的な行動に過ぎなかったのである。

韓国が犯したテロ行為についても、公式的な調査がなされていないが、元工作員だった生存者の中で、自分たちが犯した残虐な行為に関して証言する者が現れてきている。

一九九〇年代末以後、金大中、盧武鉉《ノムヒョン》、そして文在寅《ムンジェイン》といった革新系の政権が出現し、過去の対北朝鮮秘密活動の事実が明るみに出た。そのため、二〇〇〇年から韓国政府も、いわゆる「北派工作」（対北朝鮮テロ活動）において犠牲になった人たちに関する事実を公開するようになっている。これによると、対北秘密工作中の死亡者は七五一九人、行方不明者は七七二六人にのぼるという。真相究明を要求する世論が高まり、金大中政権下で国家人権委員会が設立され、良識ある国会議員などの努力によって、北派工作における犠牲者およびその家族への補償に関する法律が国会で制定された。

噛《か》み合わない南北対話

一九七一年八月、実尾島《シルミド》事件が発生する。一九六八年の青瓦台襲撃未遂事件への対抗策として、時の朴正熙政権は対北朝鮮特殊部隊を創設していた。そして、仁川《インチヨン》国際空港近くにある無人島の「実尾島」において、北朝鮮による青瓦台襲撃未遂事件の特殊部隊と同人数の三一人で編成された「六八四部隊」の特殊隊員たちが、北朝鮮主席宮の爆破と金日成の暗殺計画を秘密裏に進め、三年四か月間、過酷な訓練を重ね、北への侵入および金日成殺害の命令を待っていた。ところが、朝鮮半島をめぐる国際環境が急変し、朴正熙政権はこの計画を断念せざるを得なくなった。機密保持のため島を出ることさえ認められず、目標を失った隊員たちが反乱を起こしたのがこの事件である。

三一人のうち七人は訓練期間中に死亡していたため、残りの二四人の隊員が決起し、一八人の教育隊員を殺害して実尾島を脱出し、大統領に劣悪な待遇の改善などを直訴するために、仁川に上陸し、バスを乗っ取って大統領官邸である青瓦台へと向かった。そして途中、ソウル市内の路上で軍隊および警察隊と交戦となり、最終的には手榴弾《しゆりゆうだん》で自爆した。この事件は軍事政権下で長らく隠蔽されていたが、民主化後の政権において事実関係が明らかになった。この事件の実話を基にした映画「シルミド」が二〇〇三年に公開され、韓国映画史上初となる一〇〇〇万人以上の観客数動員で話題を集めたのは記憶に新しい。北と南、似たもの同士による似たもの同士な作戦計画であった。

一九七二年の「七・四南北共同声明」が発表されるまでに、北朝鮮に派遣されて帰ってこなかった韓国の工作員は二一五〇人にのぼる。休戦中ではあったが、両国とも同族同士の殺戮を企図した暴力行為を続けていたのであった。そして両国とも公式的にはこの事実を否認した。

もちろん、南北間には戦争とテロだけが横たわっていたのではない。交流と協力の試みがなされたことも事実であり、統一のためのさまざまな交流や協力もあった。しかし、このような試みは互いの戦略、または戦術的打算によるものであったから、大きな進展はなかった。

ただし、金大中政権誕生後、韓国が太陽政策を推進してからの一〇年間は例外であったかもしれない。また、ラングーン事件があった翌年の一九八四年、韓国に水害があったときには、北朝鮮は救援物資の支援を提案しており、韓国はこれを受け入れている。南北間で緊張緩和のムードが芽生え、平和的な解決のための基本合意がなされることもしばしばあったが、持続的な成果を蓄積していくのは不可能であった。

南北関係の中で繰り返し見られるパターンは、南北ともに自分の方に有利な状況で和解と交流を積極的に提案することであった。戦後二〇年間は、北朝鮮が戦争被害からの復旧と経済開発において韓国より優位に立っていた。この時期、北朝鮮は韓国に対して会談を数回提案したが、韓国側は一切拒否した。一九五四年のジュネーブ会談のときにも北朝鮮代表団は韓国側に「同じ民族間の対話」を提案したが、韓国側はこれを拒絶している。結局、南北間の交流は、それが自分たちにとって有利になるという計算が前提なのであり、利害関係が一致したときにのみ交流と協力が可能となるのであった。

統一に対する別の視角

北朝鮮政権は、韓国の情勢に対して、客観的に判断せず、不正確な認識を持っていたために愚かな作戦を繰り返し、結果としてかえって韓国内の「革命的な条件」の醸成において、また南北間の緊張緩和に対して、悪影響を及ぼしただけであった。ただし、相手側の情勢に関して、自分たちに有利なように判断し、誤解していたのは北朝鮮だけではなかった。分断後、南北双方が相手側を正統性のない「不法集団」とみなし、一定の条件を満たせば、相手側はすぐにも崩壊するだろうと信じていたのである。

北朝鮮は、韓国では根本的に「反動分子」集団が外国勢力に依存しながら、抑圧によって政権を維持しているという前提に立っていたので、外部からの介入や韓国の人民の努力によって少数の支配勢力を除去すれば、南北統一が成し遂げられると信じていた。韓国政府もこれに類似した思考であったが、方法論においては北側とは相当の差異があった。北朝鮮は一定の理論に基づき、統一を達成するための政治的計画の一部分としてときどき暴力を行使した。このような理論は非現実的であり、理念的に偏向していたものの、韓国の情勢や国際環境の変化に関するそれなりの観察に基づく対応ではあった。

一九八〇年代末から、北朝鮮のテロ行為は従来のような政治的、あるいは戦略的な展望なしに実行される傾向も見られるようになった。すなわち、限定的な目的のための一度限りの単発的なテロ行為がなされるようになったのである。このようなテロ行為はそれまでの「戦略的テロ」とは区別して「戦術的テロ」と定義することができる。大韓航空機爆破事件や、韓国に政治亡命していた金正日の親戚である李韓永《リハンヨン》の暗殺、または黄長燁《ファンジャンヨプ》暗殺計画、天安《チョンアン》艦沈没事件などがこの範疇《はんちゅう》に属する。

韓国も北朝鮮政権の性格や統一への展望に関して、似たような「理論」を持っていたが、北朝鮮の「理論」に比べるとその性格はさらに単純であった。韓国の一部の人たちは、絶対的な権力者である金日成が亡くなれば、北朝鮮政権は維持できないだろうと希望的観測を持っていたが、この希望を現実に変えるだけの能力や手段を持たなかった。一九九四年に金日成が死亡したときに、この希望はまったく根拠がないことが確実となった。金日成の子息である金正日は長期にわたって政権を継承する準備をしていたので、彼が北朝鮮を継続して統治するにあたって何ら問題は生じなかった。金日成が死んだら北朝鮮は混乱に陥るだろうと考えていた人たちにとっては、失望的なことだったかもしれない。

こうした経験にもかかわらず、健康状態が優れない金正日が死亡すれば北朝鮮政権は混乱に陥り、今度こそ瓦解するかもしれないと考える人たちが、二一世紀に入っても依然として存在していたが、この希望も金正恩の世襲が順調に進行するにつれて根拠がないことが判明した。南北双方が相手側の崩壊に関して、幻想に近い希望的な誤解を繰り返してきたのである。

韓国においては、経済発展で成果を上げた一九七〇年代末から、統一に関して少し現実的な「理論」と戦略の模索が始まった。いわゆる「機能的アプローチ」である。すなわち、政治的アプローチではなく、人的交流および技術協力などの領域で北朝鮮と交流・協力することを通じて、緊張緩和と平和的共存を追求すれば、究極的には統一に至るという理論である。これは他のどのような統一戦略よりもより現実的であるが、少なくとも現在のところ実際上の成果は現れていない。

北朝鮮政権が崩壊すれば韓国が望む方式で統一ができるという期待に、冷や水を浴びせる調査結果がある。韓国と日本の情報当局は二〇〇九年、北朝鮮と中国との国境地域の北朝鮮の住民を対象に、さまざまな事例について質問調査をしたことがある。北朝鮮に頻繁に出入りする中国籍の朝鮮族を動員し、北朝鮮住民に直接面談する方式で調査は行われた。毎回一〇〇〇余名の住民を対象に直接の面談がなされた。

「北朝鮮が突然崩壊したら、貴方《あなた》はどちら側に行きますか?」という質問に対して、一番多かった回答は「中国側に行くつもりだ」であった。二番目に多かったのが「何をしてでも、自力で生きていく」で、三番目が「韓国に行く」という答えだったそうである。「国連またはアメリカの仲裁に従う」という回答もあった。この結果は韓国情報当局の調査や、日本の自衛隊対北朝鮮情報調査部署の調査によるものと共通していた。調査結果の客観性や正確性について異論があるかもしれないが、このような調査結果は、現実が韓国側の一部が期待していることとはかなりかけ離れていることを示している。仮に北朝鮮政権が遠くない将来に崩壊したとしても、そのまま北朝鮮が自然と韓国に統合されるだろうという期待については、疑う余地が大きいということだ。特に北朝鮮政権の上層部に関する限り、北朝鮮が崩壊した場合、ほとんどが「無条件で中国側につく」という回答であった。

それにもかかわらず、ある日突然奇跡のように、または絶妙な方法で統一が成されるだろうという希望は、南北それぞれで同じように存在している。差異があるとすれば、韓国が政治や経済の近代化に伴って平和的な統一を強調するようになった反面、北朝鮮は依然として、軍事的な側面を重要視しているという点だろう。これが考えなければならない最も重要な要素である。

一九七二年七月四日、南北当事者間で国土分断以来初めて、民族統一に関する合意「七・四南北共同声明」がソウルと平壌で同時に発表された。南北の最高指導者である朴正熙と金日成の意を受けて合意されたもので、統一の原則として「自主的に、平和的な方法で、思想と理念および制度の差異を超えて民族の大同団結によって実現する」という約束を謳《うた》ったものであった。朝鮮半島に雪解けが訪れる！と南北国民だけでなく、世界中にいる朝鮮民族は歓迎したものだ。しかし、それは束の間の幸福感として終わった。朴正熙政権は、同年一〇月一七日に戒厳令を発する。翌月、いわゆる維新憲法を制定して独裁体制を強化し、金日成政権も同年一二月二七日、社会主義新憲法を制定して権力基盤強化に利用した。南北双方共、声明を自分たちの権力基盤構築のために利用したのである。

加えて、南北双方が相手側に特殊活動を行う要員を送らないと合意していながら、いずれの側でもこの約束は守られていなかった。韓国側は特殊要員を非正規採用に変更したに過ぎず、北朝鮮側にとってはこのような合意は実際には何の意味も持っていなかった。

第二章　光州民主化運動とラングーン事件

韓国の経済成長と政情不安

一九七〇年代に入り、北朝鮮の特殊部隊員による襲撃はしばらく中止となった。その代わりに、さまざまなルートを通じてスパイを投入し、情報を収集して「革命力量」の強化に努めた。北朝鮮はこの路線に関しては創意的な方法がかなり多く、手段も多様であった。その中でも最も有効に活用されたのは、在日同胞社会の親北人物を活用することであった。一九七四年、在日韓国人の青年が、朴正煕大統領を暗殺しようとして、誤って大統領夫人を殺害するという事件が起こる。韓国の保安当局は、これを北朝鮮のスパイによるものと断定し、関連する組織を摘発した。この事件は、時の軍事独裁政権が反対派を弾圧する良い口実にもなった。朴正煕政権はスパイを摘発するという口実のもとで、政権を批判したり、反対したりする者たちにスパイの嫌疑を被《かぶ》せ、弾圧したのである。

一九七〇年代初めから、韓国の経済規模は北朝鮮を追い越し始めていた。韓国の経済発展は、「漢江《ハンカン》の奇跡」と呼ばれる驚くべき急成長であった。資源や資本、技術、および訓練された労働力を持たず、一九六〇年代まで世界の最貧国であった韓国が、しかも朝鮮戦争で廃墟と化した後に、困窮生活に堪え、先進国から学びながら、忍耐とチャレンジ精神で勝ち得た成果であった。その背後には戦後世代の苦労と努力があったことを忘れてはならないだろう。自由主義市場経済体制は、やればできるという自信とチャンスを与えてくれた。ピンチをチャンスに変えることができたという良き実例であった。

同じ民族でありながら、南の人たちが成し遂げたことを、北ではなぜできなかったのであろうか？　それは体制の違いによるのかもしれない。朝鮮戦争のさなか、北の土地を離れて手ぶらで家族ともども南に避難してきた人たちの中には、経済的または社会的地位において成功した人たちが大勢いる。文在寅大統領もその一人である。

しかし、驚異的な経済成長を推進した韓国の軍事独裁政権は、経済成長に伴って国民の意識水準が高まることで、むしろ政治的には次第に困難な立場に置かれていった。従来のような強権政治による抑圧的な政権運営は通用しなくなったのだ。経済成長の恩恵が広く国民全体に及ぶようになり、市民社会も成長し、政府の統制は利かなくなっていった。その結果、政府は絶えることのない民主化運動や労働運動の抵抗に直面するようになる。民主化の波に乗って、大学生や一般市民の中には左傾革命勢力まで登場し、また軍事政権によって制定された「反共法」や「国家保安法」などによって共産主義や北朝鮮に関する書籍が禁止されていたことにより、かえって、興味を持つような空気が現れた。大学生の間では政府が禁止している書籍を研究するサークルもできた。また、少数ではあったが、金日成の思想に同調する親北組織も生まれていった。

一方では、急速な経済成長の過程において、貧富の差が広がる状況が発生し、政府による財閥企業中心の成長一辺倒の政策を批判する動きが出てきた。富の分配をめぐる利害関係の対立が表面化し、これはいまだに続く政治的対立の構図となっている。

国民の間では軍事政権の強権政治に対する不満が噴出した。政府は価値観の異なる人たちを包容したり、多様な意見を吸収するといった努力をせず、強圧的に力で抑え込もうとしたため、政治的に不安定な状態が続いた。韓国政府は、一方では持続的な経済成長政策を強力に推進しなければならず、他方では北朝鮮からの安全保障上の脅威に対処せねばならなかった。国民の不満を和らげる有効な方策はとれず、批判勢力はますます勢いを増し、それを抑えるための政府の統制もより厳しくなるなど、混乱が続いた。

こうした韓国内の緊迫した状況は、北朝鮮指導者にとっては願ってもない好機の到来であった。北朝鮮は、テロによる政権転覆戦略を行使する機会を狙っていた。

一九七〇年代末、朴正熙政権が深刻な危機を迎えた。この危機は政治的な破局に繋《つな》がり、ついには悲劇的な状況をもたらすことになる。同時に、朝鮮半島において政治的に一つの時代の終わりを告げ、新しい時代が始まる分岐点ともなった。

一九七九年に韓国で大規模な反政府デモが発生した。このデモの収拾をめぐって、政権の上層部にまで影響が及ぶことになった。朴正熙大統領が自身の身辺警護と政権の安全保障を担当する最側近によって射殺されるという事件が発生したのである。

一九七九年一〇月二六日、大統領はデモの危機を打開する方策を協議しようと、秘書室長の金桂元《キムケウオン》、警護室長の車智澈《チャジチヨル》、中央情報部長の金載圭《キムジエキユ》といった最側近を宴席に集めていた。宴席には芸能人も同席した。車智澈と金載圭はかねてから、時局の見方とそれに対応する政策をめぐって対立しており、朴正熙は車智澈の強硬意見に傾いていた。そこで金載圭は状況を変えなければならないと覚悟を決め、事前にピストルを用意し、宴席において朴正熙と車智澈を射殺したのである。独裁者の朴正熙が最側近の中央情報部長に殺害されるという痛ましい事件であった。

韓国ではこの事件を題材に『南山《ナムサン》の部長たち』(南山は中央情報部本部がある場所)が映画化され、二〇二〇年の年間興行収入一位を記録し、話題となった。原作者・金忠植《キムチユンシク》(元東亜日報東京支社長、現嘉泉大学副総長)は、一九八五年に当局の検閲を受けずに、中国に関する記事をスクープして『東亜日報』で報道したことで、編集局長、政治部長とともに中央情報部（ＫＣＩＡ）に連行されて過酷な拷問を受け、法治国家でこんなことがあってよいのかと激憤した。軍事政権時代には中央情報部と言えば、「飛ぶ鳥も落とせる」という巨大な権限を持つ権力機関である。金忠植はそれから秘《ひそ》かに取材を始め、「南山」という聖域を暴こうとして、一九九〇年八月から約二年間「南山の部長たち」を『東亜日報』に連載し、一九九二年一一月、単行本として出版した。すると、たちまち五三万部が売れるベストセラーとなった。同書は日本でも『実録ＫＣＩＡ―南山と呼ばれた男たち』（講談社、鶴眞輔訳）として出版され、二〇二一年一月には映画『ＫＣＩＡ　南山の部長たち』が公開されている。

この暗殺事件は軍事独裁政権の没落を意味した。国民は長期にわたる軍事政権が終わり、いよいよ「ソウルの春」が訪れると希望に満ちていた。しかし、現実には「春」が訪れるどころか、再び大きな騒乱が引き起こされた。政局の混乱の隙に乗じて、国軍保安司令官であった全斗煥を中心に、新軍部勢力がクーデターを実行し、政権を奪取したのだ。新軍部政権は前政権よりもさらに強圧的な政権運営に臨んでいった。これに対して、全国的な抵抗運動が起きる。学生、労働組合、宗教指導者、そして社会運動家たちが立ち上がった。

光州事件の真相

一九八〇年五月一五日、ソウル駅前に大規模な群衆が集まり、軍事独裁政治反対と、釜《プ》山《サン》など一部地域に宣布された戒厳令を撤回せよとの主張を行い、デモを繰り広げた。しかし政府は、むしろ戒厳令を全国的に拡大した。五月一八日、戒厳司令部は野党指導者の金大中、金鍾泌《キムジョンピル》などを逮捕、金泳三《キムヨンサム》を監禁するとともに、政治活動の停止、言論・出版・放送などの事前検閲、大学の休校などを盛り込んだ戒厳布告を発表した。

韓国南部の光州市では、陸軍空挺部隊が進駐し、大学を封鎖した。これに抗議した学生と軍隊との間で自然発生的な衝突が起こった。軍隊による暴力的な鎮圧に激怒した市民たちが抗議し、デモ参加者は次第に増加していく。空挺部隊の無差別な鎮圧作戦により死傷者が続出した。市民はバスやタクシーを倒してバリケードを築き、角材や鉄パイプ、火炎瓶などで応戦した。そこで戒厳軍は光州市を封鎖し、戦車などで武装した約二万五〇〇〇名の戒厳軍が大々的な武力鎮圧を行った。いわゆる光州事件である。この悲劇的な事件の結果、民間人の被害者だけでも数千人にのぼった。死亡者二五六人、行方不明七六人、負傷者は二二七七人と言われている。しかし、いまだに確実な人数は確認されていない。

韓国政府は光州の市民運動を「北朝鮮の煽動による暴動」としたが、これは真実でないことが後に判明した。また、当時はこの運動は金大中による内乱陰謀事件として扱われていた。新軍部勢力は光州民主化運動の背後に北朝鮮の存在があるとか、民主化勢力の陰謀であるなどと主張し、騒動を政権維持の手段として利用しようとしたのである。

光州事件は、一九八八年に韓国国会で「五・一八光州民主化運動」として正式に規定され、一九九五年、金泳三政権の下で「五・一八特別法」が制定された。この法律に基づき、内乱および内乱目的殺人罪が適用され、全斗煥には無期懲役・罰金二二〇五億ウォン（当時のレートで約三一〇億円）、盧泰愚《ノテウ》には懲役一七年・罰金二六二八億ウォン（約三七〇億円）が宣告された。一九九七年一二月の金大中・新大統領当選に際し、金泳三大統領によっていずれも特別赦免で釈放されたが、二人の前職大統領が刑務所入りするという痛ましい出来事であった。盧泰愚元大統領は一六年かけて追徴金を完納した。しかし、全斗煥元大統領は「全財産が二九万ウォンしかない」などと主張して不誠実な態度を貫いたため、強制執行となり、一二一四億ウォン（約一七〇億円）が徴収された。ただし、現在も残額の九九一億ウォンは未納のままである。

この事件は、韓国政治史に最も大きな汚点を残した出来事であった。光州民主化運動は、軍事独裁反対、戒厳令撤廃、金大中などの政治家や良識的な知識人の釈放を要求する学生や市民たちのデモに対して、軍が暴力的に鎮圧した事件として歴史に残っている。

光州事件は、その後、韓国の政治に重大な影響を及ぼした。また韓国内だけでなく、国際社会においても、軍事独裁政権に対する市民の抵抗の象徴として、そして、市民たちの抵抗に対して軍事力を行使することで抑え込もうとする、強権的な軍事政権による非民主的な暴力行為の典型例として記憶された。全斗煥政権は歴代政権の中でも最も国民に人気のない政権であった。のみならず、その正統性においても支持されない政権だったのだ。

一九八〇年代中頃、韓国に赴任したジェームズ・リリー駐韓米国大使は、回想録で当時の政治的な状況を次のように書いている。

一九八六年の時点で、韓国の若者を苦しめ、年配の者を当惑させていたのは、一九八〇年五月、全斗煥が韓国南部の光州市で反政府デモを残酷に武力鎮圧したいわゆる「光州事件」だった。一九八〇年代中頃の韓国では「光州を忘れるな」が民主化を求めるすべての韓国人の合言葉になっていた。

一九七九年一二月にクーデターを計画したとき、軍人の肩書きしか持っていなかった全斗煥将軍は、光州事件鎮圧の直前に韓国全土に戒厳令を宣言し、学生運動の活動家や野党政治家を一斉に拘束した。さらに国会を閉鎖し、メディアに検閲制度を押しつけた。「隠れた手」で学生運動を操っている北朝鮮の侵入に備えるという口実で、全は全土に事実上の軍政を敷いたのだった。

（ジェームズ・リリー著、西倉一喜訳『チャイナハンズ』草思社、二〇〇六年）

このような事態は当然、南北関係にも影響を及ぼすことになった。北朝鮮の政権担当者たちが、このような状況を他人事《ひとごと》のように黙って見ているなどということはあり得ない。その三年後、北朝鮮がビルマで引き起こした残酷なテロ行為は光州事件と無関係ではなかった。北朝鮮が全斗煥大統領の暗殺を決定した背景には、まさにこの光州事件があったと見ることができる。軍事政権の首班である全斗煥大統領を暗殺すれば、韓国民による信頼を勝ち取ることができるだろうと北朝鮮は考えた。いずれにせよ、南と北の葛藤は、本国から遠く離れたビルマにおいて、また別の惨状を引き起こすことになったのである。

世界情勢の中の南と北

時代は少し遡るが、一九六一年、軍事クーデターによって政権を掌握した朴正熙国家再建最高会議議長（当時）は米国を訪問し、ケネディ大統領と会談した。当時、米国はベトナム戦争への介入をめぐって苦境に陥っていた。朴正熙はケネディの歓心を買おうとして、ベトナムへの韓国軍派遣を提案した。その見返りは韓国への経済的支援であった。当時、朴正熙政権にとって最も大きな課題は経済再建であった。その目的のために、米国の支援を取り付ける対価として、ベトナム戦争に韓国軍を派遣することを申し出たのだ。

ケネディ大統領の暗殺後、大統領の座を継いだジョンソンが一九六五年、韓国に正式にベトナム派兵を要請する。米国の要請に従って韓国がベトナム戦争に参戦するというのは、相当な犠牲と苦難の見込まれる決定であったが、そこには米国との関係性や韓国軍の戦力強化など、安全保障関連の問題から経済的な面に至るまで、自国の利益に関する計算が根底にあった。

犠牲を伴う海外派兵であったが、国内では大きな問題にならなかった。政府の積極的な広報活動もあり、多くの国民が、ともかく参戦を一つの機会と考え肯定的に受け入れたのであった。大義名分のない他国の戦争への参戦を好機と捉え、国民はさまざまな形態で参与した。この参戦による経済的な利益は特に多大であった。これには当時、韓国社会全体に浸透していた反共理念も大きな役割を果たしたものと考えられる。もちろん当時の朴正熙政権は、ベトナム戦争参戦に対して批判なり反対があれば、徹底的にそれを抑圧したであろう。しかし、結果的にベトナム派兵が韓国の経済開発草創期に大きく貢献したことは、見逃せない事実である。

興味深い点は、北朝鮮が自発的にベトナム戦争に空軍部隊を派遣し、北ベトナムへの支援を買って出たことである。最近、米国のウッドロー・ウィルソン・センターが刊行した報告書において、北ベトナム軍に関する文書二点が公開された。この文書によると、北朝鮮が北ベトナムに派兵の意思を伝え、北ベトナム軍当局の「許可」を要請したとされる。これに従って、両当事者間で具体的な事項に関して合意が成立し、最終的に北ベトナム軍の総帥であるヴォ・グエン・ザップ将軍の「許可」により、北朝鮮が三回にわたり、戦闘機操縦士や心理戦などの分野の専門家を派遣したとされる。

この参戦に際して北朝鮮政権は、自分たちなりに現実的な計算をしたはずである。ベトナム派兵で北朝鮮に、具体的にどのような利得があったのか知る由もない。現実的な側面、いわば経済的利益、国際的な地位、または外交などにおいて、果たしてどれだけの具体的な成果があったのかは疑問である。もしかしたら、空軍操縦士が戦闘経験を積むのには役立ったかもしれない。ただし、ここで無視することができない一つの側面は、南北関係である。韓国が南ベトナムに軍隊を派遣し、対内外で気勢を上げている状況では、北朝鮮も黙っているわけにはいかなかったのだろうと推測される。

このような論理は、他の例などにおいても容易に見て取ることができる。たとえば、一九八八年にソウルオリンピックが開催され、相当な成果を上げて閉幕したことで、北朝鮮が経済的な負担を蒙《こうむ》ってまで、翌年の一九八九年に平壌で世界青年学生祝典を開催したことはその好例であろう。

韓国はソウルオリンピックを通して、自国の国際的な地位を上げたのはもちろんのこと、経済的にも実質的な利得があった。また一二年ぶりに、東西両陣営のほとんどの国がソウルで開催された夏季オリンピック大会に参加した。一九八〇年のモスクワオリンピックは西側諸国のボイコットがあり、一九八四年のロサンゼルスオリンピックは東側諸国がボイコットしたため、二大会続けて不完全な大会となっていた。対してソウルオリンピックには、韓国がオリンピックを単独開催することに反対していた北朝鮮の妨害にもかかわらず、韓国政府および経済界などの熱心な誘致活動が功を奏し、ソ連や中国、東欧諸国を含め、史上最多となる一五九か国・地域が参加した。韓国のオリンピック開催の成功は経済的な効果を生んだだけでなく、一九九〇年、ロシアとの国交樹立を皮切りに、中国や東欧諸国との国交樹立によって、国際社会での地位向上に多大な貢献をした。そして、それがさらに経済交流の拡大にも繋がったのである。

しかし、これに対抗して北朝鮮が主催した世界青年学生祝典は、どのような現実的な利得があったのか、推測するのは難しい。むしろ北朝鮮政府は、経済的に困難な状況でこのような行事を主催したことで状況をさらに悪化させ、また、国際社会においても肯定的な評価を得ることができなかった。これは南北間の解くことができない対立の状況の中で行われている不条理の一つである。

最近では、北朝鮮は国際社会での地位や評判、そして自国民の福祉などをなおざりにし、国際社会が非難している核兵器開発など、軍事力の増強に集中している。常識的には理解に苦しむことである。二〇一二年三月、韓国で開催された核安保首脳会議に出席した胡錦《こきん》濤《とう》中国国家主席やロシアのメドベージェフ大統領もこの点を指摘し、「北朝鮮は、国民の生活から整えなければならない」「北朝鮮はミサイルよりも先に、住民が食べていけるようにするべきだ」と述べていた。

しかし、南北関係の特殊な観点で見ると、これも理解が可能になる。この間、経済はもちろん、政治や社会のあらゆる領域において急速な近代化を成し遂げた韓国との関係において、停滞が続く北朝鮮がとることができた唯一で合理的な選択が先軍政治、すなわち軍事力の強化によって存在感を示そうとする政治であったのだ。

韓国社会では、多くの社会的条件に変化があったにもかかわらず、暴力的な手段で政権を奪取した全斗煥政権は、前の朴正煕政権よりもさらに人気がなく、国民の支持を得られず、それだけに民衆の抵抗も強かった。政府の信頼も地に落ち、北朝鮮の挑発行為やスパイに関して信憑性《しんぴょう》の高い摘発があっても、多くの人はそれを韓国政府の捏造《ねつぞう》だとして、信じようとしない傾向もあった。

本書の主題であるラングーン事件についても、ビルマ政府が外部の関与を排除して全面的に責任を持って調査した結果、北朝鮮の仕業だと明らかにしている。そして世界のほとんどの国が、確実な証拠のもとで客観的に成された調査であるとして、この結論をそのまま受け入れた。対して、あろうことか韓国国内ではこれを信じようとしない人たちがいた。彼らはすべてが全斗煥政権の陰謀であり、捏造であると信じていたのである。

このような現象は、一九八三年のラングーン事件に限ったことではなかった。朝鮮戦争に始まり、その後も一九八七年の大韓航空機爆破事件など、南北間で起きたもろもろの事件に関して、韓国政府による公式の立場をどうしても信じない者たちは常に韓国内に存在した。なお、大韓航空機爆破事件とは、一九八七年一一月二九日、バグダード発ソウル行の大韓航空機を、偽造された日本国旅券を使用して日本人に成りすました北朝鮮工作員二人が飛行中に爆破したテロ事件である。犯行後、捕まった金賢姫《キムヒョンヒ》（旅券名・蜂谷真由美）は、ソウルオリンピック開催妨害などを目的とした、北朝鮮指導者の指示によるものであると犯行を自白した。対して北朝鮮は韓国政府の自作自演であると主張した。この事件にも複雑な原因が絡んでいるはずである。したがって、この事件も軍事政権が残した負の遺産の一つであると考えざるを得ない。

光州事件――北朝鮮のチャンス

北朝鮮は、韓国で起きた大規模な非常事態である光州民主化運動を黙って見物しているわけにはいかなかった。韓国内部で大規模な騒乱状態が起こり、政府軍が民間人を大量虐殺した事件である。まさに、北朝鮮政権の一貫した戦略に合わせたような、都合良くつくり出された状況であった。あれほどまでに待ち望んでいた革命的状況が生まれたのだ。

軍隊が民間人を殺害し、正統性も合法性もない政府が国民を弾圧していた。軍事政権は国民の憎悪の対象になり、国民の大部分の批判と抵抗によって追い込まれていた。海外でも指弾の対象になり、アメリカなど友好国においても非難の声が上がった。

北朝鮮指導部が夢にまで見て、待ち望んできた状況が現実となったのである。これは北朝鮮がこれまでに韓国社会に期待していたことが正しかったと証明してくれる状況であり、同時に逃すことのできないチャンスでもあった。直接的な軍事行動さえできそうな、大義名分まで取り揃《とそろ》えられた状況であった。「強権的な政権の弾圧から、南朝鮮の同胞を保護する」という口実ができたのである。韓国内部の呼応も期待できそうだった。

ただし、直接的な行動に出て行けないことが、北朝鮮にとってもどかしい現実であった。一番大きな要因は米国の存在である。一九五〇年の朝鮮戦争時とはまったく異なる状況である。三〇年前、北朝鮮政権とその背後で支援を行ったスターリンは、米国が介入しないだろうとの予測の下で戦争を始めた。しかし、一九八〇年五月の状況は、まったく異なっている。米国は万一の事態に備えて、自国の態度を明白にしていた。米国は秘かに航空母艦を筆頭に機動艦隊を朝鮮半島に派遣していた。機動艦隊は、万一の事態には米国の軍事力が一定の行動をとることを明白に示した戦略的なジェスチャーであった。強大国が主に相手方に対して警告として使うありふれた手法である。

もちろん三〇年の間、国際関係にも大きな変化があった。北朝鮮政権が直接武力行動に出た場合、以前のように積極的に支援してくれる国はもう存在しない。かつては戦略的な利害関係をともにしていた中国やソ連も、北朝鮮の行動を望ましくないとし、非難する立場にある。下手に行動を起こすと、北朝鮮政権の存立自体が揺らぐかもしれない。

北朝鮮としては、直接の行動がとれない別の理由もあった。一九五〇年代の朝鮮戦争の経験である。直接的な軍事行動をとる場合、むしろ韓国の軍事政権を助ける結果になってしまうかもしれない。韓国の国民は、たとえそれが独裁政権であっても、北朝鮮の侵略に対して国を守る政府を支持しなければならない立場にある。北朝鮮がどのような形であれ、直接の軍事行動を起こした場合には、光州で始まった革命的な状況が一気に逆転してしまうかもしれない。そうでなくとも、韓国の軍事政権は光州事件が北朝鮮の策動によって起きたと主張していたのであった。

北朝鮮に残された代案は、テロ以外にはなかった。テロを通して政治的目標を追求する絶好のチャンスでもあった。テロ行為も一種の政治行動である。韓国民の大衆的な支持が脆弱《ぜいじゃく》な新軍部政権の最高責任者を殺害すれば、韓国では統治の空白が生じ、全般的な社会の混乱と動揺が続くであろう。そうなれば、新軍部政権は大きな混乱に陥るだろうし、ただでさえ脆弱な支持勢力の信頼も揺らぎ、支持を受けることさえ難しくなるだろう。反面、民主化闘争勢力と光州事件の主導勢力は大きく鼓舞され、全国的に軍事政権に対する抵抗が拡大することもあり得る。最高責任者を狙ったテロが成功すれば、長期にわたり韓国政権の安全と信頼を揺るがし、社会の混乱を引き起こせると北朝鮮は判断したのだ。

韓国民の目には軍事政権は正統性がないばかりか、安全を守る能力もないと判断されている。ならば人気がなく、国民に支持されない独裁者を除去すれば、少なくとも韓国の国民の一部はこれを喜ぶだろう。そのような人たちからは、北朝鮮は「解放者」とみなされるかもしれない。これは韓国に一層強力な革命の基盤を構築することに繫がる。そうして韓国の混乱が長期化すれば、いずれ何らかの形で、たとえ限定的であっても軍事力の介入が可能になる状況が生まれる。自分たちの主導で南北が統一できる可能性も見えてくるかもしれない——このように北朝鮮は考えたのではなかろうか。そこで彼らは、全斗煥大統領を殺害して韓国の国論を分裂させ、社会が混乱するよう誘導することを目的にした。

全斗煥大統領暗殺計画

全斗煥大統領暗殺計画は、単に一回限りの冒険的なテロ作戦ではなかった。このことは、北朝鮮政権が失敗を繰り返しつつも、何度も執拗《しつよう》に繰り返し企て、推進したことを見てもわかる。このような行動の直接の大義名分は「光州事件」であった。事件は彼らのテロ行為に常にお墨付きを与えてくれたのである。

一九八一年には、光州事件の際の被害者遺族に扮装した北朝鮮の工作員たちが、ウィーンやマカオなどで、マフィアの組織員と一緒に全斗煥大統領の暗殺を計画した。彼らは同年七月初め、全斗煥大統領がフィリピンを訪問し、マルコス大統領とゴルフをプレーしている際に暗殺し、反政府軍の本拠地であるミンダナオに脱出するという計画を立てたが、これは不発に終わった。その後も、カナダなどで韓国系テコンドーの師範たちをけしかけて、全斗煥大統領を暗殺しようとした。これらの全斗煥大統領暗殺計画を企てたのは、すべて北朝鮮統一戦線部であった。統一戦線部とは、南北交流と対南工作を担当する朝鮮労働党傘下の情報機関である。

ある時期まで北朝鮮政府は自国の武力を直接動員せず、海外の犯罪組織などと手を組んで全斗煥大統領殺害を計画していた。実際に統一戦線部は、海外で直接暴力行為を行うための武力を保有していなかった。

その後、北朝鮮政府は、全斗煥大統領の暗殺計画を自分たちと直接関係のない外部、特に韓国と繋がりのある工作要員により起こさせ、少なくとも外観上では関係のないように見せかけようとした。テロ行為を自分たちが主導したケースであっても、表向きは自分たちとは関係ない、韓国内部の政治的、あるいは革命的な要員が起こしたように見えるようにしたのである。これらの試みがすべて失敗に終わると、どうしようもなくなり、統一戦線部に代わって軍の作戦部が直接出てきて、全斗煥大統領の殺害任務を引き受けることになった。結局、ラングーン事件を起こしたのは、統一戦線部ではなく、北朝鮮人民武力部(国防委員会傘下の軍事行政機関で、日本の防衛省にあたる。現国務委員会傘下の国防省)傘下の偵察局であった。

実行犯のカン・ミンチョルはすべてを自白した後に、裁判を傍聴していた日本大使館の職員に向かって唾を吐いたことがあった。自分の裁判を見に来た人間に敵愾心《てきがいしん》をあらわにしたのだった。少し離れたところにいたため、彼が吐いた唾は日本の外交官には届かなかった。その後、ビルマの刑務官が、なぜ黙って座っている人に唾をかけたのかとカン・ミンチョルに聞くと、彼は、あの人は韓国大使館の職員ではなかったのかと反問したという。

それまでカン・ミンチョルは、少なくとも光州事件の原因となった韓国の軍事政権に対して、敵愾心を抱いていた。彼はビルマに派遣される前の政治教育で、韓国の政治状況について教育を受けた。テレビで光州事件の実態を見ていたので、南朝鮮の同胞を迫害している全斗煥を殺害せよという指示を「正義の使命感」をもって受け止めていたのであった。それゆえに、一九九〇年代末に彼と面談した韓国大使館の外交官から、その間の韓国内で起こった政治的変化について詳しく話を聞いたときには、とても驚いていた。

もし北朝鮮のテロ行為が完全に成功し、国民から人気がなかった独裁者が排除されていたら、韓国内部の一部の人々は、心中秘かに喜んだかもしれない。しかし、絶対多数はこのようなテロ行為を糾弾したことだろう。

ともあれ、北朝鮮政権は、このようなテロ行為が自国とは関係のないことで、韓国内部の問題に過ぎないと主張する作戦だった。そうすれば事後の報復や国際的な非難は避けられると考えたのであろう。事実、彼らは明白な証拠とそれに基づく国際的な非難にもかかわらず、自国との関連を最後まで否定した。

結果的に、朝鮮民族は政治的な、そして道徳的な過ちを犯した一人の男性を残酷な運命に処することについて、見て見ぬふりをしたことになる。加害者は周辺の数人だけではない。私たち皆が、直接・間接的に彼の運命に関わっていることを忘れてはならないだろう。言うなれば、皆が加害者なのである。

第三章　「菊花作戦」と全斗煥大統領のビルマ訪問

計画になかったビルマ訪問

北朝鮮政権は先に述べたように、光州事件以後、幾度にもわたり全斗煥大統領の暗殺を企てたが、すべて失敗に終わった。しかし光州で民間人に対する大量虐殺事件が発生した三年後、ついに光州事件の究極的な責任者である全斗煥大統領の殺害計画を実行に移す機会が訪れた。

一九八三年、韓国政府は全斗煥大統領による南アジア太平洋地域六か国の歴訪を計画した。国内ではこの歴訪自体に批判的な声もあった。デモと騒乱が終わらない状況で、政府は対外活動によって難局の突破口をつくろうとしているのではないか、という批判である。

大統領一行には、政府の要人たちと軍最高指揮官、そして大企業の経営者たちが勢ぞろいした。主管部署は外務部（現外交部）で、特に李範錫《イボムソク》外相が当初からこの計画を立案した。李外相は特にインドとの関係を重視していた。インドは中立国の中でも指導的な地位にあったし、彼自身がインド大使として勤務したときから、首相や多くの重要人物たちと交流があったためである。

このときの大統領による歴訪に際しての李外相の主な狙いは、非同盟諸国との関係改善であった。非同盟諸国に対して、南北間では外交戦が展開されていた。当時、韓国と国交を結んでいた国は一一八か国、北朝鮮と国交を結んでいた国は九七か国であった。そのうち、六三か国は南北両方を承認していた。特に、アフリカ地域や東欧諸国においては北朝鮮承認国が多数を占めた。このような状況からわかるように、南と北は国際社会において外交で優位を占めようと激しく競争していたのである。当時は非同盟国外交に関する限り、北朝鮮が相対的に優位に立っていた。そこで、この歴訪を機会に、韓国も非同盟諸国との間に外交的な基盤をつくることが主要な目的とされたのであった。

歴訪は時期が一〇月の予定だったので、その季節に咲く花の名をとって「菊花作戦」と暗号名がつけられた。この名前をつけた人物は、当時外相秘書室長であった潘基文《バンキムン》、後の国連事務総長である。後日、人々の間では、よりによって「菊花作戦」という名をつけたから、「犠牲者を弔問する白い花」(=菊)という意味通りの結果になってしまったのだ、と話題になった。

当初の南アジア太平洋歴訪計画には、ビルマ訪問は入っていなかった。非同盟諸国の中でも重視されたインドが、歴訪日程の中では比重が最も大きかった。他の訪問国はオーストラリア、ニュージーランド、スリランカ、ブルネイであった。そこに準備段階の最後で、急遽《きゅうきょ》ビルマが追加されたのである。この運命的な決定の内幕はしばらくの間、秘密に付された。これは主管部署である外務部の決定ではなかった。ある日突然、大統領官邸からビルマを日程に追加せよと指示されたのだという。

その当時、外務部の西南アジア課長は崔南俊《チョイナムジュン》で、担当部署の実務者は崔秉孝《チョイビョンヒョ》であった。崔秉孝が最初に大統領の歴訪を起案したときには、訪問先は五か国だけで、ビルマは日程に入っていなかった。しかし李範錫外相が青瓦台の指示だからビルマを追加せよと言ってきたので、起案がつくり直されることになった。外務部内部ではいぶかしく思い、国家安全企画部の指示かと疑ったとのことである。後にこの決定は、本当に大統領官邸である青瓦台からの指示であったことが明らかになっている。

全斗煥大統領の任期終了後、政権が交代してから数年が経った後に、あるテレビの番組でこの問題についての特集があった。その番組によると、日程にビルマを入れたのは、大統領が自身の引退後を考慮しての処置だったという話であった。武力による専制的な政権運営をしていた全斗煥大統領は、五年後には権力の座から退くことになっていた。平素より彼は憲法の規定に従い、自身は七年の任期で大統領職を退くと公言していた。前任者である朴正熙のように、憲法改正までして任期延長はしないという意味であった。

全斗煥大統領としては、これを自身による政権の正統性の重要な、または唯一の根拠として掲げることができると考えたのである。言い換えれば、自分は朴正煕大統領の逝去後、国家が混乱と危機に直面している時期に一時的に政権を引き継いだだけであり、国家を正常に戻した後は、大統領職から退くのだということであった。それだけではなく、それまでの大統領たちは任期末にさまざまな変則的なやり方で任期を延長したが、自分は任期後いさぎよく引退することで、韓国の政治の伝統に寄与するような肯定的な業績になるだろうとも考えたようである。

実際、過去には最高指導者が任期末に変則的な形で任期を延長することをほとんど例外なく行っていたため、全斗煥大統領の考えはある程度肯定的に評価することもできる。しかし、仮に本人が心から大統領職を今期限りだと考えていたとしても、権力の周辺には個人的に忠誠を誓う側近がいたことも事実である。

彼ら側近の考えは大統領の本心を代弁している場合もあるが、大統領の意向とは異なる場合もある。そうした中で、大統領の最側近中の一人が、大統領職引退後もそのまま権力を維持し、少なくとも専門性のある分野、すなわち、安全保障、外交、経済などの分野で、相当な影響力を行使できる方法があることを全斗煥大統領に示唆した。つまり、ビルマのネウィン将軍が引退後も党を自身の統率下に置き、信頼できる側近を政府の首班に任命することで影響力を維持する方法をとっている、とアドバイスしたのである。ビルマ訪問は大統領周辺のこのような思惑から始まったという話である。ただし、全斗煥の側近たちは、このような話はデマだと言い張り、ビルマ訪問は大型の建設事業を受注するためのロビー活動であったと説明している。

無視されたビルマ訪問の危険性の指摘

しかし、ビルマ訪問の目的が、側近たちが言うように、大型建設事業の受注など経済外交であったならば、訪問国にビルマを追加する提案は青瓦台からではなく、外務部または経済担当部署から提案されていなければならない。ところが、経緯が何であったにせよ、主管部署である外務部は、歴訪日程にビルマが追加されたことに違和感を覚えていたというのだ。

ビルマは一九七五年に南北の両国と、同時に外交関係を樹立した。首都ラングーンには韓国と北朝鮮の大使館が設置された。ビルマとしては、南北双方と等距離外交を推進しようとしていたが、社会主義国家の北朝鮮との関係がより親密であったことは事実である。

そのため、ビルマ訪問の決定に対し、外務部担当者たちは抵抗感を抱いていた。特に李範錫外相の不満は大きかった。ビルマは韓国とは親密な関係ではなく、中立国の間でも特別に影響力がある国でもなかった。さらに、安全面での脅威があった。当時ビルマには北朝鮮大使館があったばかりでなく、北朝鮮が四年前に、ラングーン川対岸のシリアムに精錬所を建設して以来、北朝鮮の技術者が常駐しており、人の往来も頻繁であった。テロを引き起こそうと思えば、北朝鮮にとってはおあつらえ向きの場所であったのである。

国家安全企画部も同じ考えであった。安企部幹部の中でも危惧することが多く、ビルマ現地でも心配が先立っていた。当時の安企部の現地派遣官だった姜鍾一《カンジョンイル》書記官は、その年の五月に赴任したばかりで現地事情にはそれほど精通していなかったが、それなりに当時の状況を注意深く探り整理してみて、大統領一行のビルマ訪問は危険かもしれないと本部に報告した。具体的には、特にアウンサン廟訪問は、再考する必要があると進言した。

なお、国家安全企画部とは、韓国の国家安全保障に関わる情報・保安および犯罪捜査などを担当する大統領直属の情報機関である。略して「安企部」と称する。一九六一年、朴正熙政権のときに創設された中央情報部（KCIA）が、その前身である。一九八一年に全斗煥政権により組織再編がなされ、国家安全企画部となった。金大中氏が滞在中の東京のホテルで拉致された事件についても、中央情報部の仕業であったことはよく知られている。自らが被害者となった金大中氏は、大統領就任とともに国家安全企画部を廃止し、大幅に機能を縮小して国家情報院（略称「国情院」）を新設した。

現地のラングーン市では、数年前にソウルの国立墓地で試された（後述）のと同じ方式でのテロ攻撃が可能である。特に大統領が、他の外国人客が頻繁に訪れている観光地として有名なシュエダゴン・パゴダを訪問する場合には、北朝鮮のテロ活動要員が一般観光客の中に紛れ込み、突然飛び出して刺殺攻撃をすることもできる。このような危険を事前に防ぐには、大統領のビルマ訪問前に一般客の出入りを統制せねばならないが、ビルマ当局はこれを許可しないというのが姜鍾一の報告であった。

そして結論として、姜鍾一は大統領が絶対にビルマを訪問しなければならないのであれば、政府指導者と会談だけし、その他の行事は省略すべきであると本部に建議した。外務部が準備した大統領一行の日程には、もともと、シュエダゴン・パゴダとともに、ラングーンからヘリで一五分程度の距離にある寺刹の訪問も組み込まれていたが、これはとりやめることになった。

北朝鮮絡みでの保安問題以外にも、ラングーン国際空港の滑走路は短く、大統領一行が乗った特別機の離着陸に問題があるという指摘もあった。しかし、この問題は、韓国の技術陣が訪問して現地検証をすれば解決できるという結論であった。李範錫外相は、日程にビルマを追加しようと大統領をそそのかした人物に対して、私的に不満を漏らしたことがあった。公の場でもしつこく敵愾心をむき出しにした。歴訪に出発する直前、ニューヨークで記者たちと私的に会食をしていた席でも、李外相は大統領側近のその人物を名指しして憎まれ口を叩《たた》いたのであった。「あのやろうのお陰で、ビルマまで行くことになった」。ビルマを訪問国に追加するどさくさまぎれの決定によって、後に李範錫外相個人にも降りかかった出来事を考えると、このくらいの悪口では反発としては足りないくらいであったかもしれない。

北朝鮮の隠密《おんみつ》な動き

韓国の外務部が全斗煥大統領の歴訪計画作成に奔走していた間、北朝鮮は表面的には静かであったが、その内部では緊迫した動きがあった。一九八三年八月、「カン・チャンス部隊」と命名された北朝鮮特殊戦闘部隊の司令官であるカン・チャンス少将は、隊員のカン・ミンチョルに対し、重要な任務があるのでその準備をするよう指示した。一緒に特殊任務を遂行する他の二人にも、同じ指示を出した。しかし、これらの者たちは、自分たちが遂行する特殊任務が韓国大統領の暗殺という恐ろしい仕事だとは、この時点では知らされていなかった。この任務は大変重大なものであり、しかも最上層部からの直接指示であるということだけが伝達された。

カン・チャンス少将は、朝鮮戦争で戦死した人民軍参謀総長である姜健《カンコン》中将の次男で、万景台《マンキヨンデ》革命学院、金日成総合大学卒業のエリートである。金日成、金正日父子の信任が厚いと言われた人物だ。カン・チャンス部隊は、北朝鮮の特殊任務を遂行する偵察局所属の戦闘部隊の中でも最も精鋭と言われた部隊で、人民武力部の所属ではあるが、直属部隊ではなく、朝鮮労働党の直接指揮下に置かれていた。

特殊任務を受けた三人は、北朝鮮特殊部隊の中でも、格闘技を含めてあらゆる面で優れた実力の保有者たちであった。カン・ミンチョルがインセイン刑務所時代に一緒に服役していた人たちに明かした話によると、三人組のテロリストは皆、同じ部隊の所属ではなく、ビルマに派遣されるまでお互いのことを知らなかったという。北朝鮮の工作員は通常、このようにそれぞれ孤立した家屋で、自分に課された任務に必要な訓練を受けた。カン・チャンス部隊は、非武装地帯に隣接する開城《ケソン》に基地を置いた特殊部隊であった。

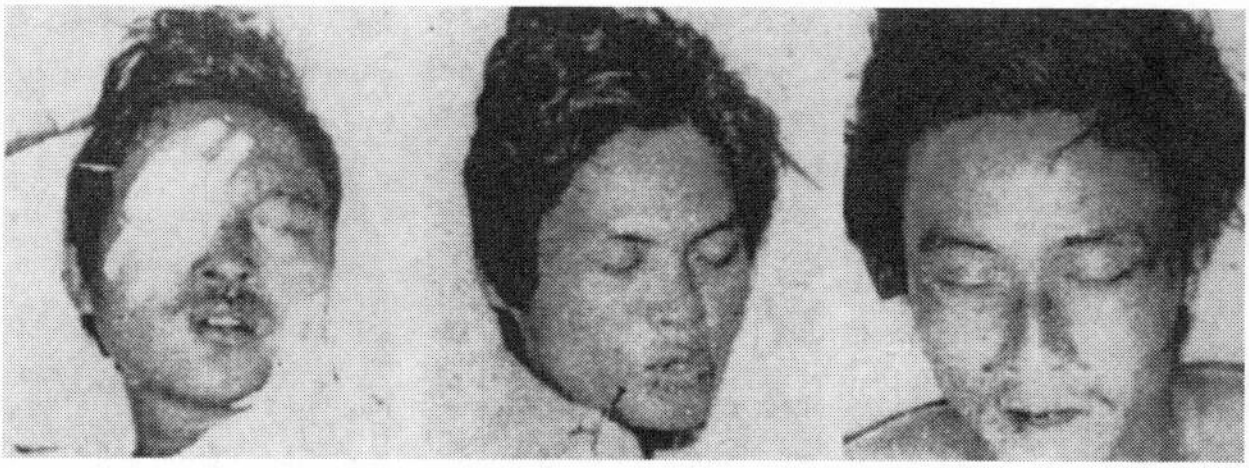

韓国海外公報館（現在の韓国海外弘報院）が刊行した“International renegades: North Korean diplomacy through terro”, Korean Overseas Information Service, 1983 に掲載の、北朝鮮テロリスト３名の顔写真。左から順にジン・モ、カン・ミンチョル、シン・キチョル。

この付近は主として、韓国内に潜入して活動する北朝鮮特殊部隊の前進基地と、その施設が多い地域でもある。特殊任務を命じられたのは、ジン・モ少佐とシン・キチョル大尉、そしてカン・ミンチョル大尉の三名であった。これらの名前は皆、偽名である。ジン・モの本名はキム・ジンスで、カン・ミンチョルの本名はカン・ヨンチョルだった。カン・ミンチョルは当時二八歳。シン・キチョルは後述のようにビルマ警察との交戦中に死亡した人物で、この者の背景は知られていなかったが、後に本名はキム・チオだとわかった。本書では彼らの本名ではなく、報道を通じて広く知らされた偽名を使うことにする。

北朝鮮の繰り返されるテロ行為

北朝鮮は、一九七〇年に朝鮮戦争二〇周年記念式が挙行されたソウルの国立墓地で、テロを企てたことがあった。一九七〇年六月二二日の明け方、ソウル銅雀洞《トンジャクドン》国立墓地で爆発事件があり、現場に北朝鮮工作員と思われる死体が一体残っていた。韓国当局は、その者が国立顕忠院《けんちゅういん》の天井に爆弾を設置しようとして、事故が起きて死んだと推定した。現場には一緒に作業していた二人の北朝鮮特殊工作員がいたが、彼らは爆弾の設置過程で事故が起こると、同僚の血まみれの遺体を現場に置き去りにして逃走したことが後に明らかになった。

その三日後は朝鮮戦争勃発二〇周年となる日で、記念行事が開催される予定となっていた。この行事で朴正煕大統領を殺害するためのテロが企てられたのである。そして爆弾を設置する過程で爆発が起き、工作員一人が犠牲になったのであった。逃走した二人の工作員も、軍と警察の粘り強い追跡によって数日後、仁川の桂陽山《ケヤン》で捕捉され射殺された。

当時、失敗の原因は明らかにされなかった。事件後、北朝鮮特殊部隊の火薬担当部署も、失敗の原因を正確に分析できなかった。しかし、爆弾はそれまでに技術的には充分に検証されていて、さまざまなテストで性能は確実だと証明されていたため、北朝鮮はこの方式を信じていた。したがって、ビルマでも同じ方式の爆弾を使用することになった。これは誤った判断であり、間違った選択であった。

後日、ラングーン事件の運命の日、その決定的な瞬間にテロリストたちが選択した攻撃武器こそが、またもや失敗の決定的要因になったという証言がある。しかし、皮肉なことにアウンサン廟の構造は、まさにこの攻撃にぴったりであった。その後わかったことであるが、このときに使用された爆弾は、ベトナム戦争で米国が多用したクレイモア型の対人地雷二個に焼夷弾《しょういだん》一個であった。

焼夷弾が追加されたのは、爆弾の爆発と同時に火災を起こし、目標となる人物たちの被害を拡大させるとともに、現場の証拠隠滅を図ったためである。ビルマ捜査当局の発表によると、対人地雷は重さが七・五キロで、中には鉛を含んだ鉄球が七〇〇～八〇〇個ほど入っていて、爆発すると半径一五メートル以内の人馬を殺傷することができたという。焼夷弾は直径一〇センチ、長さ三〇センチの円筒形の爆弾であった。三人組のテロリストたちは、成功裏に作戦が遂行できるよう、猛烈な訓練を受けていた。

大事件が重なる中でのビルマ訪問準備

韓国では外務部と大統領官邸をはじめ、関連部署が、前例のない大規模な公式外国歴訪のため、準備に忙殺されていた。大統領を含め最上位クラスの使節が、一八日間で六か国を訪問するというのは異例の大行事であった。

韓国外務部は、その年は特に多事多難であった。二月には、北朝鮮空軍大尉の李雄平《リウンピョン》がミグ19戦闘機を操縦して韓国に脱出するという出来事があった。二月二五日、韓国軍と駐韓米軍が合同訓練「チームスピリット」を実施している中、ロケット射撃訓練のため北朝鮮の平安南道《ピョンアンナムド》价川《ケチョン》飛行場を離陸した李雄平大尉が操縦するミグ19が、突然編隊を離れて南の方に向かったのである。脱北に成功した李雄平には韓国政府から報奨金として一五億ウォン（当時のレートで約四億七〇〇〇万円）、邸宅二軒などが提供され、脱北者の最高報奨金として話題となった。

それに引き続き、五月五日には、中国民航所属の旅客機が瀋陽《しんよう》から上海《シャンハイ》へ向かう上空で女子一名を含む六人の中国人に乗っ取られ、韓国春川《チユンチヨン》市の米軍基地キャンプ・ペイジに不時着する事件があった。ハイジャック犯たちは台湾行を指示したが、やり取りの末、韓国行となったとされる。当時、韓国と中国は国交がなかったが、ハイジャックにあった旅客機の事後処理問題について、韓国と中国の間で交渉が行われた。この交渉において友好関係が芽生え、結果的に韓中国交正常化へ大きく寄与することになった。ハイジャック犯たちは韓国で裁判を受け、法的な手続きを経て、人道的な配慮によって台湾亡命となった。

　そして九月一日には大韓航空機がサハリン付近のソ連で領空を誤って侵犯し、ソ連戦闘機の攻撃によって墜落、二六九人の乗客と乗務員全員が死亡するという事件が起こっていた。いわゆる大韓航空機撃墜事件である。韓国政府は、ソ連の非人道的な行為に対して猛然と抗議し、ソ連当局の謝罪と補償、責任者の処罰と再発防止の約束を要求し、国連安保理の緊急招集を要請した。

　そうした状況に引き続き、彼らは大規模な大統領の海外歴訪行事を準備しなければならなかったのである。外務部としては、気が抜けないような緊張した事件の連続だった。そうした中でビルマにおいて途轍《とてつ》もない事件に遭遇し、対応に追われることになったのであった。ちょうど大行事を前に、主管部署で人事異動があった。崔東鎮《チヨイトンジン》アジア局長がバングラデシュ大使になり、後任に金炳連《キムビヨンヨン》が就任した。

　ビルマの現地大使館も、予期していなかった大統領訪問の通知を受けて慌てていた。政務参事官の宋永植《ソンヨンシク》も、安企部から派遣された姜鍾一も、その年の春にビルマに来たばかりで、現地の事情にまだ詳しくなかった。特に宋永植参事官は、外務部内でその能力が認められた人物で、前職は外務部の重要職責中の一つである北米課長であった。激務に追われていたので、休暇を兼ねてビルマ大使館を志願したことにより、まさに一世一代の転機となる事件に遭遇することになったのである。

テロリストたちを運んだ「東建愛国号《トンコンエグクホ》」

韓国政府内で外務部をはじめ、関連部署の職員たちが大行事の準備に汗を流していた時期に、北朝鮮のテロリストたちも慌ただしく準備に没頭していた。熱帯地方の特殊な環境に適応するための肉体的な訓練から、現地の事情に慣れる方法や、爆発物をはじめとした特殊武器と通信装備の使用法などの訓練を受け、さらには精神修養に至るまで徹底的に教育を受けた。韓国の人民を迫害し、殺害までしている米帝国主義者の操り人形、特にその頭目である全斗煥大統領を殺害する任務は、人民と革命のために必ずやり遂げねばならない仕事であった。

この特殊任務に際して特別に必要とされた訓練は何もなかった。三人はすでにこのようなテロ活動に熟練している要員たちであったし、経験や能力面でも高い評価を受けている者たちでもあった。特別な点と言えば、当時は詳しく知らなかった異国が舞台で、特殊任務の性格が、それまで遂行してきたどんな任務よりも厳しく重大だということであった。

九月九日、テロリストたち三人は秘密裏に黄海南道《ファンヘナムド》南西部の甕津《オンジン》港から「東建愛国号」に乗船した。東建愛国号は文東建《ムントンコン》という在日朝鮮人実業家が北朝鮮に寄贈した船舶で、平壌の大興《デフン》船舶に所属する貨物船である。この船舶は、五三七九トン、速力一五・五ノットの貨物運送船であった。外見上は貨物船で、実際に貨物運送もしているが、寄港先の国の無線電信局を経由せずに自国本部と直接交信できる装備を備えており、北朝鮮が平素特殊工作活動によく利用する特殊工作船であった。

ジン・モ、カン・ミンチョル、シン・キチョルの三人は船の中で初めて顔を合わせた。東建愛国号に乗船し、出港した後でようやく自分たちが遂行すべき任務についての具体的なブリーフィングを受けた。三人の工作員たちは、航海中は姿を現さず、ずっと船室内で生活を送った。普通の人ならば息苦しく、連れ合いのいない孤独な生活だろうが、あらゆる辛《つら》い訓練を通して忍耐力を養ってきた彼らにとっては、その程度は大した苦痛ではなかった。むしろ絶好の休息時間でさえあった。

彼らは船員たちが出てこない真夜中にちょっと外に出て、甲板で潮風に吹かれて軽く身体《からだ》をほぐしたりした。時おり他の船員たちに見られることはあったが、いつも特殊工作活動をしている船で働いている船員たちなので、このようなことには慣れていて、彼らの存在を異常だとも感じず見て見ないふりをした。

六日間の航海の果てに、東建愛国号は九月一五日の明け方五時頃、ラングーン川の河口に到着する。その後、船は停泊のためラングーン川に入るように指示された。九月一七日、ラングーン港の六番スール埠頭《ふとう》に沿って停泊し、許可を受けて、九月一八日から貨物の荷揚げ作業が始まった。九月二一日深夜、すべての作業は終了した。

東建愛国号は、次の寄港地であるエジプトのアレキサンドリアに向かうため、エンジンの点検や修理が必要だとして、港湾長にあと数日間、ラングーン港、あるいは川の真ん中のブイに停泊させてほしいと要請した。ビルマ当局は最初、この要請を断ったが、船長が三日間だけ欲しいと懇切に訴えたので、港湾関係者が船舶に乗船してエンジンの検査をし、問題が確認できた後に許可を出した。結局、東建愛国号は、ラングーン川の河口で停泊することになった。二一日にラングーン港を出港して、二四日にはビルマを離れるよう通告を受けた。

東建愛国号は二二日、ラングーン港を離れて沖に向かった。その際には、現地警察官三人と税関職員二人が乗船し、同行した。東建愛国号はラングーン川の河口に到着し、そこで投錨《とうびょう》した。翌日の二三日、北朝鮮人と見られる男性二人がモーター付きサンパン（東南アジアでよく見られる小型木造船）で野菜や食糧を運び込んだ。しばらくして、その二人は三人の北朝鮮人と一緒にキャリーバッグ二個を持って、下船していった。

東建愛国号は予定通り、九月二四日、次の目的地であるアレキサンドリアに向かうと言って、ラングーン川の河口を出発した。しかし、同船の出航までにサンパンで出かけていった三人の北朝鮮人は戻ってこなかった。彼らこそが、この事件の実行部隊だったのである。

東建愛国号には三人の現地警察官と二人の税関職員が配置されていたのに、どうしてこのようなことが見逃されたのか。また、そのような事実が当局に報告されて調査されたのかどうかなど、不明な点が多い。少なくともビルマ政府の公式記録には、この点についての説明はない。結局三人の「船員」は、何の検査も入国手続きもなく、ビルマの中に消えたことになる。当時、東建愛国号に乗船して貨物と人員の移動を監視していた警察官と税関職員は、監督を疎《おろそ》かにした責任で処罰されたと聞いている。しかし、この話に関する公式記録も発表もなく、後日、事件の調査などに携わったビルマの官吏たちから非公式に聞いただけである。

この問題に関しては、韓国側も当然ながら疑問を提起した。すなわち、ビルマの官吏の何人かが内部で北朝鮮に協力していたか、あるいは、買収されていた可能性があるのではないかという疑惑である。しかし、現地の事情に詳しい人物は、このような嫌疑をかけるのは現地の事情をよく知らないせいだと述べる。当時、東建愛国号が停泊していた場所はラングーンに隣接した河口であったが、港は出入国を統制する手続きや検査を行う官庁が不備な状態で、北朝鮮工作員がビルマに潜入するのは難しいことではなかったというのだ。後日、裁判においても、当時現場に配置されていた警察官が、九月二二日に三人の北朝鮮人が外出した後、船舶へ帰ってこなかった事実は確認していたが、自分の任務は貨物検査だったため、船員たちの出入りまでは検査しなかったと証言している。

一方、韓国安企部の現地派遣官であった姜鍾一は、北朝鮮の工作船である東建愛国号がビルマに入港したのを知っており、本部にそれを報告したが、身元が明らかでない北朝鮮人が入国手続きを受けずに上陸して活動していたことまでは、いくらなんでも知ることができなかったと、他人事のように語っていた。

テロの脅威と漠然とした憂慮

韓国の現地派遣情報員だけでなく、当時のビルマの情報当局や警察もこれらの者たちの不法入国を知るに至らなかった。大統領一行がビルマを訪問する二日前、韓国安企部の海外工作局長である李常九《イサンク》が従来の慣行通り、現地入りした。当時の安企部の海外工作局は大変重要な部署であった。国際工作団、対北朝鮮工作団、科学情報団、心理戦団などがすべて海外工作局に所属していた。大統領訪問の二、三日前に、安企部の海外担当局長が現地に赴いて諸般の状況を点検するのは、当時の慣例となっていた。

李常九局長は以前、西ドイツ大使館に公使として勤務したことがあり、駐ビルマ大使である李啓哲《イケチョル》とは、その時期に一緒に公使として勤務していた間柄で個人的に面識があった。李常九局長は到着すると同時に、現地の情報と保安状態を調査したが、やはり、北朝鮮工作要員たちの現地潜入はもちろんのこと、他の特別な動向も発見できなかった。ただ現地の一般的状況については、心に引っ掛かる点が多々あったという。

すなわち、大統領一行がビルマ国内で行動する動線が、外部の脅威に容易にさらされやすい環境であったというのである。ラングーン国際空港に関しても、特別な施設がないいまま原っぱにそのまま開かれているといった具合で、もし重火器を使用しようと思えば、外部からいくらでもテロ攻撃が可能であった。

さらにビルマの情報機関も、大統領の国賓訪問に対応する姿勢があまりにも粗略であった。警備責任者に会いたいと申し入れても、ビルマ側の反応は鈍く、ようやく出てきた人物は、重要な使節団を迎える国の責任者としての認識が希薄で、警備に万全を期するという態度が見えなかった。また、韓国大使館もビルマ政府側と緊密な連携がとれているようには見えなかった。大使館とビルマ政府間での意思疎通も円滑ではないという印象であった。

しかし、このときには大統領の訪問は既定事実と化しており、いろいろな注意を喚起するには遅すぎる状況であった。さらに安企部の任務は、大統領の身辺警護を直接担当することではなく、あくまでも身辺の安全と警護に関する情報を収集し、警護する部署に伝達することであった。

李常九が警護チームに伝達した情報の中には、全斗煥大統領とその一行のアウンサン廟参拝時に、北朝鮮側によるテロの脅威もあり得るとの指摘があった。すなわち、一九七〇年に北朝鮮工作員がソウルの国立墓地で朴正熙大統領の殺害を企てて失敗したときとまったく同じやり方で、テロを企てることが可能であるという指摘である。しかし、後日この報告書は、ラングーン事件は韓国政府側の自作自演劇ではないかとの疑念をビルマの情報機関が抱くきっかけの一つになってしまった。つまり、これから起こる出来事を、なぜそのようにあらかじめ詳細にわかっていたのかという疑念が生じてしまったようなのである。

一方、ビルマ大使館の宋永植参事官も李啓哲大使に東建愛国号の入港に関して報告していたが、この船が大惨事を引き起こすことになるテロ犯を乗せてきたとは考えもしなかった。

ビルマに潜入したテロリストたち

結果的に、テロのために派遣された三人組の特殊工作員は全員が何の痕跡も残さずにラングーンへの潜入に成功する。上陸直後、彼らは二人の北朝鮮大使館員に案内され、大使館員たちの居住地域にあるチョン・チャンフィ参事官邸にかくまわれた。この邸宅はビルマ外務省の裏側に位置する外交団地と呼ばれた区域にあり、北朝鮮大使館に隣接していた。

北朝鮮大使館参事官のチョン・チャンフィが、彼らの連絡責任者にして現地の指導員となった。チョン・チャンフィの公式業務は総務担当だったが、実は北朝鮮情報機関の海外担当責任者でもあり、相当な地位の人物であった。彼はビルマだけでなく、東南アジア一帯で情報収集と工作員を指揮する立場にあったのである。

実行犯の三人が北朝鮮大使館員の邸宅に居所を定めた二日後に、彼らが使う爆発物が外交行嚢《こうのう》で到着した。その間、彼らは特別な活動はせず、チョン・チャンフィ邸の二階で隠れて過ごし、本国と連絡をとりながら大事件を引き起こすために必要な情報を収集し、全斗煥大統領一行の到着を待っていた。

特に、全斗煥大統領一行の歴訪日程とビルマでの行事日程などに関しては、本国から時々刻々と詳細な情報を受けたという。もっとも、大統領の歴訪日程にせよ、ビルマ国内での行事計画にせよ、その動向などはもちろん機密ではない。

しかし、関心を引くのは、ビルマ現地に入っていたテロリストたちが、このような事項が公開され発表される前に、すでにテロ計画を立てていたという点である。信憑性に欠けるが、カン・ミンチョルが刑務所の中で同僚の服役者たちに話した内容によると、北朝鮮当局は、すでにその年の三月から自分たちを選抜し、ビルマに送る工作を始めていたというのである。この証言が信ずるに足るものかどうか確信は持てないが、北朝鮮政府が韓国政府内部で議論されている内容を、盗聴やその他の手段で収集できていたという推論も成り立つのだ。

大事件を引き起こす三日前の一〇月六日には、彼らは身を隠していたチョン・チャンフィの邸宅を出た。リーダー格のジン・モとカン・ミンチョルは、ビルマの現地人の服装に身をやつしていた。下はロンジーというスカートのような民族衣装で、服というよりは筒状に繋いだ服地を身体に巻いて結び目をつくり、腰辺りできつく固定したものである。上は中国の伝統服と同じ上着であった。シン・キチョルだけは、黒いズボンに白いシャツという格好だった。

三人はチョン・チャンフィの邸宅を出ると、テロの現場となるアウンサン廟があるシュエダゴン人民公園とカンドージ湖付近を偵察した。当時のビルマは警備が厳重な国ではあったが、結構抜けていたところもあったようである。よりによって国賓訪問が控えている時期に、訪問客とは敵対的な関係にある人間が三人も軽々しく入国し、当局のいかなる監視も受けずに自由に行動できたという状況は疑問として残る。

しかも、彼らが何の制止も受けず、国賓行事が予定されている場所に潜入し、爆弾を設置することが可能であったことの背景も理解できない。一部のメディアは、現地政府の官吏たちの腐敗による不充分な対応について報道したりもした。たとえば、日本の『時事通信』は一一月八日付の報道で、北朝鮮の人間が真夜中に廟管理人の家を訪ね、自分たちは韓国の警備要員で現場を見なければならないと言って管理人の了解を取り付け、その過程で管理人に現地の貨幣で一万チャット（当時のレートで約二六万円）を渡し、おまけにそこで爆弾設置に必要な梯子《はしご》まで借りたという記事を掲載している。

しかし、ビルマ政府による公式調査報告では、この事実に関しては何の言及もなかった。この事項に関する調査を行わなかったか、さもなければ調査はしたものの報告には含めなかったかのどちらかであろう。ビルマ側は自国の公安責任者たちが北朝鮮の動きに不注意にならざるを得なかった理由として、主にラングーン駐在北朝鮮大使館がテロ活動において基地の役割を果たしたという点を挙げている。北朝鮮大使館は現地人を採用しなかったために、運転手を含め全員が北朝鮮人であったので、機密維持を可能にしたというのである。

北朝鮮は外交官の免責特権を充分にテロ行為に利用した。大使館の建物に爆弾を隠匿し、外交官ナンバーをつけている車両が爆発物やテロリストたちの運搬に都合良く動員されていたのであった。

麻痺《まひ》した韓国の情報機関

このような北朝鮮の重大な動きに対して、韓国の国家安全企画部がどの程度まで情報を摑《つか》んでいたのか、またはどのように状況を想定して予測を立て、どのような報告をしていたのかという点では、人によって意見が食い違っている。一部の人たちは、北朝鮮で大統領のビルマ訪問と関連して何か怪しい動きがあったことに安企部は気づいていたと主張した。ビルマは一応、北とも南とも国交を結んでいたが、現実には北朝鮮が優先されていた。当時の外交官たちの回想によると、一九八〇年代初めには、ビルマは北朝鮮外交官たちが夫婦同伴で行くことができる数少ない国の一つであったという。

最も重要な手がかりとなるのは、時を同じくして動き始めていた東建愛国号の出港と航海の方向である。安企部は、全斗煥大統領一行が出発する前にビルマ訪問を再考するよう上申していたが、大統領はすでに両国間で合意ができている事項なので、訪問を中止するのは難しいと言ったとされる。これは当時の安企部当局者の間では、よく知られた話であった。

しかし当時の最高責任者であった盧信永《ノシンヨン》安企部長は、この事実を否認した。彼が大統領一行のビルマ訪問に反対意見を述べたのは事実であるが、これは外交的な配慮によるもので、李範錫外相に対して意見を述べただけであって、大統領に進言したのではないとのことであった。より詳しく言うと、盧信永が安企部長に就任する前の外相時代には、中立国外交を目指し、インドを筆頭にオーストラリア、スリランカなど南アジア太平洋地域の歴訪計画を準備していた。それがどこでどうなったのか、後任の李範錫外相が、歴訪の日程にビルマが追加されたと話しながら意見を求めてきたので、自分は、ビルマ訪問は意味がないと否定的な意見を述べたに過ぎないというのである。

外相経験者である盧信永は、海外歴訪は大国を中心に行くのが常識なのに、特に重要でもないビルマを訪れるのは、しかもその国を最初の訪問国にするのは正しくないと考えていたという。しかし、安企部長に就いていた事件当時の盧信永は、大統領の海外訪問は外務部の所管であるから安企部が出る幕ではなく、北朝鮮が大統領の歴訪中にビルマであれ他のどこであれ、テロを断行するという情報はなかったとも述べている。

これは当時の安企部の実務陣や、その他の関係者たちの証言とは一致しない。特に、たとえ大統領の海外訪問に関しての主管部署が外務部であったとしても、訪問中である大統領の身辺の問題に関連する情報を担当している部署がまったく関与しなかったというのは、理解に苦しむことである。それどころか、当時の内外の状況では当然考慮しなければならなかった北朝鮮の脅威に対して、何の予測もせず、情報収集にも熱心ではなかったという話には簡単には納得できない。

盧信永安企部長は、ラングーン事件の後、大統領官邸を訪問して帰ろうとしたときに、大統領夫人に呼び止められて「どうしてビルマ訪問前に、もっと強力に引き止められなかったのですか」と問いかけられたそうである。もしかするとビルマで北朝鮮がテロを引き起こすかもしれない、という実務担当者の報告が上の方で黙殺され、結局大統領にはそのまま報告されていなかったのではないか、という疑惑を生じさせる視点である。

北朝鮮では大統領の歴訪対象国にビルマが追加されたことだけでなく、ビルマでの日程についても事前に詳細がわかっていたようである。この点に関して、韓国の政府部署内では問題提起もあったが、それによって特別に何らかの措置がとられたわけではなかった。

大統領のビルマ訪問に「NO」と言えない官僚たち

一つだけはっきりしているのは、北朝鮮政府が犯した他の幾つかの事件の際にも見られたように、韓国政府は北朝鮮による大事件の計画に関する具体的な情報はもちろん、それ以外の間接的な情報収集さえも不充分であったということである。それだけでなく、幾つかの状況証拠やごく基本的な情報さえ、上層部にありのままに伝達せず、この問題について部署間の調整はまったくなされなかったのであった。

北朝鮮の脅威なり安保問題なりに対する、韓国のあまりにも安易な対応は、過去も現在も同じである。事件が起きたときだけ一時的に緊張が走り、一旦状況が静まると、また平和ムードに戻るといった具合だ。もう一つ付け加えると、韓国国内では青瓦台で決定されたことについては、すべての部署がひたすらその指示を履行することだけ考えて、たとえ自分たちの意見と食い違っていても、何の意見も述べず、黙っていることが慣例になっていたのである。

外交的な側面でも、現地の外交官たちは「ビルマを最初の訪問国とする」ということの意味をはかりかねていた。非同盟国を対象とする外交で、特に親密な関係ではなかったビルマを大統領が訪問することについて、簡単には納得できなかった。しかし、あらゆる否定的見解にもかかわらず、現地公館の李啓哲大使と宋永植参事官は、何の素振りも見せず、大統領の訪問行事に対して積極的に対応し、ソウルには肯定的な内容の返信を送っていた。「ビルマと北朝鮮は密接な関係にあるため、全斗煥大統領の訪問行事が滞りなく行われるとは思えない」などと意見することは、事実上不可能な雰囲気がどことなくあった。したがって、指示があった当初から「訪問は危険なので止《や》めるべきだ」と提案することは、なおさら困難であっただろう。

肯定的な内容の返信を送りながら、李啓哲大使と宋永植参事官は、ビルマ政府が韓国大統領の訪問を拒絶してくれればいいのにという願いさえ抱いていた。しかし、ビルマ外務省は異例の迅速さで全斗煥大統領の訪問を歓迎し、国賓待遇にすることに対しても肯定的な反応を見せた。恐らく豊富な資源を有するビルマとしても、急速な経済成長を遂げた韓国との関係構築に関心があったのではないかと推測される。

他方では、ビルマ政府の外務次官と儀典局長が平壌を訪問していた。これについては、全斗煥大統領の訪問に関して、北朝鮮の了解を求めに行ったのではないかと韓国大使館側は推測した。ビルマ政府が大統領の訪問を予想外に早く受諾した後も、李啓哲大使は不安感を拭うことはできなかった。それにもかかわらず、その考えを本国には知らせなかった。首脳外交に対する憂慮、劣悪な駐在国のインフラ、ビルマ政府内に親北勢力が広範囲に深く広がっている可能性など、否定的な内容は報告されていなかった。どの部署も大統領の訪問計画に対して、否定的な報告をすることができなかったのである。結果、北朝鮮の作戦に虚を突かれる惨憺《さんたん》たる事態が発生することになってしまった。

他にも納得できない点がある。安企部の現地派遣官だった姜鍾一は、北朝鮮の脅威について報告していたにもかかわらず、事件後、責任を問われて職を追われたのである。しかし安企部の上層部や外務部などでは責任をとった者はなく、一部は事件後に昇進している。一般的に責任を問うならば、大統領警護室長が最初に頭に浮かぶ。しかし、現地まで随行し一緒に行動した張世東《チャンセトン》警護室長は何の責任も問われなかった。

安企部長の盧信永も、責任を問われるどころか、後に国務総理にまで抜擢《ばってき》された。盧信永は、多大な人命の損失を蒙った事件に際し、行事を準備した人間にまで追加問責をすることは自殺行為に等しいとの理由から、すべてに蓋をすることにされたというのである。常識的には到底納得できないことである。

一方で、事件に何の関係もなかった金相浹《キムサンヒョプ》国務総理が事件直後に辞表を出し、さらに悪いことに全斗煥大統領はこれを受理してしまった。宋永植参事官は帰国後、辞表を出したが受理されず、数か月間、役職につかない異常な処罰を受けた後、駐国連大使館参事官に任命された。テロ現場で情報活動を行った武官の朴元用《パクウオンヨン》大佐は帰国後、准将に進級した。責任をとって職を追われたのは、主に安企部の下級要員だった。アジア太平洋課長とアジア太平洋局副局長は安企部を去った。李常九局長もまた「道義的な責任」をとって現職を離れたが、しばらく安企部傘下の内外通信社社長として出向した後、次長として戻った。

全斗煥大統領一行ビルマ到着

全斗煥大統領一行は一〇月八日、ついに運命の南アジア太平洋地域六か国歴訪を開始した。徐錫俊《ソソクジュン》副総理兼経済企画院長官と李範錫外相、そして李基百《イキペク》合同参謀本部議長など、公式随行員が二十余名、鄭周永《チョンジュヨン》全国経済人連合会長を筆頭に経済界代表が二九人、これに非公式随行員と記者団、警護官などが加わり、総勢一六五人にのぼる大規模な訪問団であった。

ビルマ訪問は一〇月八日から一一日まで四日間の予定で、続いてインド、スリランカ、オーストラリア、ニュージーランド、ブルネイを順番に訪問し、同月の二五日に帰国する予定であった。大統領の海外訪問としては稀《まれ》に見る、一八日間をかけた長い旅路である。全斗煥大統領は出国前の挨拶で、この度の訪問は「北方外交」(中国、ソ連、東欧など社会主義諸国および北朝鮮を対象とする外交政策)の四番目の成果であり、この行事が、韓国が世界史の中心へと堂々と近づく「前進の礎石」になるだろうと述べた。

大統領の訪問を控え、韓国からは芸能人や僧侶、宗教指導者など、多くの民間使節がビルマを訪問し、現地で友好的な雰囲気を演出するべく、民間外交活動を促進した。大使館職員は大統領一行による国賓訪問の準備の上に、民間行事に関するビルマ政府の了解や協力を取り付ける仕事まで重なることになってしまったが、いくら忙しいといっても大使館の立場として全力を尽くすしかなかった。ビルマ政府は国内の民間行事にすら非常に神経を遣う方であったので、このような行事を推進するのは簡単ではなかった。費用と労力を費やしていろいろな行事をしたが、その成果は充分に得られたとは言えなかった。

大統領一行は午前一〇時三五分、金浦《キンポ》国際空港を出発し、八時間二五分をかけた飛行の後にビルマのラングーン国際空港に到着した。現地時間で一〇月八日午後四時三〇分のことであった。李啓哲駐ビルマ大使とビルマ外務省の儀典長が儀典の手順に従って機内に入り、全斗煥大統領夫妻に挨拶した。大統領夫妻が飛行機のタラップを降りている間に二一発の礼砲が轟き、ビルマ側のサンユ大統領夫妻がタラップの下で全斗煥大統領一行を迎えた。空港での歓迎の行事は簡単なものであったが、それでも丁寧な方であった。

全斗煥大統領と令夫人はそれぞれ別の車両に分乗し、随行員と記者たちも別の車両で宿舎へと向かった。全斗煥大統領はビルマ大統領の車に乗り、また令夫人はビルマ大統領夫人の車に乗って、宿舎に向かいながら、仏教と仏教信仰の深いビルマの国民気質について歓談した。動員された市民や学生たちから成る人波が、韓国国旗とビルマ国旗を振り、大統領一行を歓迎した。歓迎する群衆は大統領の宿舎である迎賓館前まで続いた。

訪問団一行は二つのグループに分かれ、それぞれの宿舎に向かった。大統領と大統領室直属の職員、警護チームと儀典官、通訳、秘書などは迎賓館に、そして閣僚たちと他の人々はインヤーレイクホテルに向かった。このホテルは景観が素晴らしいインヤー湖畔に立地していた。一九六二年にソ連が贈り物として寄贈したもので、ラングーン市内から車で約二〇分の距離にあり、空港と市内のおよそ中間地点に位置している。

随行記者たちは、ビルマの気候に馴染《なじ》めなかった。まず暑くて湿度が高く、べとべとした気候に堪えられず、ホテルも快適な環境ではなかった。清掃に使用した洗剤の匂いが特に不快だったという。随行記者たちは、マイクロバスをレンタルして市内観光に出かけたが、特に興味を引くものはなかった。さらに衛生状態が良くなく、特に飲料水に注意しなければならない状況であった。水の代わりにビールを飲もうとしたが、口に合わなかった。

活動を開始したテロリストたち

他方、三人の北朝鮮のテロリストたちは、実行日の三日前の一〇月六日、それまで隠れて暮らしていたアジトを出た。その日、彼らが脱出する際に使用する予定となっていた東建愛国号は、与えられた仕事を完了してビルマに再入港許可を申請したが、拒絶されてしまった。しかし、再入港できないという知らせは彼ら三人には伝達されなかった。このように、彼らは実行後の脱出の手段が根本的になくなっているのを知らないまま、観光客に扮装して現地の指導員であるチョン・チャンフィに案内され、アウンサン廟やシュエダゴン・パゴダなどを偵察していたのだった。チョン・チャンフィは東建愛国号の再入港が拒絶されたという情報を知っていたはずである。それにもかかわらず、三人にこの情報を知らせなかっただけでなく、他に脱出の代案も用意しなかった。

三人のテロリストたちは日が暮れてもアジトに戻らず、アウンサン廟付近の茂みの中で蚊の群れによる激しい攻撃を堪え忍びながら、野宿をした。それも訓練の手順に従い、一人ずつ交代に不寝番に立ち、残りの二人が眠るようにしていた。その翌日、一〇月七日の夜中二時に彼らはアウンサン廟に潜入した。仲間の二人が下で待っている間、シン・キチョルが廟の屋根に上り、ジン・モが下から爆弾を上げると、これを屋根裏に隠した。その中の一つは遠距離作動爆弾であり、他の一つは爆発の衝撃によって炸裂《さくれつ》する高性能爆弾であり、そして残りの一つは火災を起こし、証拠隠滅を図るための焼夷弾であった。

テロリストたちは、この仕事の直前に北朝鮮本国から、全斗煥大統領一行がその翌日の一〇月八日にビルマへ到着し、外国の使節としての慣習に従って、九日にアウンサン廟を参拝することになっているという詳細な情報を受け取っていた。

第四章　歴史的な場所、アウンサン廟の爆破事件

ビルマの国立墓地アウンサン廟

テロの現場となったアウンサン廟の公式名称は「殉難者廟」であり、独立運動家アウンサン将軍の墓所である。アウンサン将軍は太平洋戦争以後、英国の植民地であったビルマが独立するまでの過渡期に自治政府を担った人物だ。ビルマ民主化の指導者であり、独裁政権に対する自由と民主主義のための闘争の象徴として世界的に知られるアウンサンスーチーは、彼の娘である。

アウンサン将軍は太平洋戦争当時、日本軍の支援を受けて、英国からのビルマ独立を推進した。しかし日本軍が進駐するや、彼らの振る舞いが旧植民地国家である英国よりさらに酷《ひど》いことがわかると、再び英国軍と手を結び、日本軍を退けるのに成功した。英国はこのときに交わされた約束を守り、ビルマの独立を許容している。

アウンサン将軍は新しい独立国家を準備している過程で、ある日の閣僚たちとの会議中に、彼を排除すれば自分が権力を掌握できると考えた政敵のテロによって、他の閣僚たちとともに殺されてしまう。このときに一緒に殺された閣僚ら八人とアウンサン将軍を祀《まつ》った墓地が、アウンサン廟である。この墓地は平地よりも少し高い丘陵の上に位置していて、近くにはビルマの象徴と言えるシュエダゴン・パゴダがあり、墓地からはその塔を見渡すことができる。

廟は、爆破事件のときに完全に破壊され、しばらくそのまま放置されていたが、その後まったく新しいデザインに改築されたので、もとの面影を見出《みいだ》すのは難しい。爆破事件以前は木造建物の屋根の下にあり、地上に露出していたアウンサン将軍と他の閣僚たちの墓は、事件後はすべてコンクリートで覆われている。ラングーン事件のときに毀損した部分とともに、ビルマ政府にとっての恥辱的な記憶も一緒に埋めてしまおうとしたのかもしれない。爆破事件後はビルマ政府による厳重警備がなされ、閉鎖されていたが、事件から三〇年後の二〇一三年六月から一般公開されることとなった。現在もこの墓地は外国の貴賓の公式参拝コースとなっている。

旗揚げの万端の準備を終える

一〇月九日は、早朝には少し雨が降ったが、すぐに晴れた。気温は摂氏二五〜二六度程度で、ラングーンの典型的な気候であった。三人組のテロリストたちにとって、ついに運命の大仕事をする日が訪れた。全斗煥大統領とその一行は、これから数時間後に起こるはずの出来事など夢にも思わず、各自、その日の行事とそれからの旅程、そして個人的な関心事などに気をとられていた。この頃には、テロリストたちは爆発物の設置を終えて、そのときが来るのを待っていた。

しかし、特殊任務を遂行する最後の段階で若干の問題が発生した。爆弾を炸裂させるリモコン装置のスイッチをどの場所で押すかをめぐり、メンバーの間で意見の対立が生じたのである。リーダー格のジン・モ少佐は、見物人たちの中に紛れている状態で爆破リモコンを作動させる考えだったが、カン・ミンチョルの考えは異なっていた。見物人の中に紛れ込むと、車両行列は見ることができるが、アウンサン廟内の実際の状況を見ることはできない。そのため、主攻撃目標である全斗煥大統領が爆弾の有効殺傷範囲内にいるのかどうか、確認できなくなるというのがカン・ミンチョルの主張であった。もし全斗煥大統領が爆弾の殺傷範囲の外にいるときに爆発物が炸裂したら、テロ作戦は失敗するというのである。

それだけでなく、もしかしたら見物人の中にビルマの情報機関員が潜入しているかもしれない。自分たちの怪しい行動が見抜かれ、計画が阻止されてしまうこともあり得る。また爆破後には、現場を抜け出すのもかえって難しくなる。それゆえ、カン・ミンチョルは、アウンサン廟が直接見下ろせるシュエダゴン・パゴダの最上階で作業すべきだと主張した。しかし、リーダーであるジン・モは自らの主張を曲げなかった。ジン・モはアウンサン廟から直線距離にしておよそ五〇〇メートルしか離れていないウィサラ通りに面している自動車整備工場付近で、最後の作業を行うべきだと主張した。ジン・モは、シュエダゴン・パゴダは観光客が多く作戦に手違いが起こり得るし、それよりも重要な点として、群衆に自分たちの姿が目撃されてしまう危険が生じると同時に、現場からの脱出にも時間がかかってしまい、困難な状況に陥るかもしれないと主張して、カン・ミンチョルの意見を一蹴した。ジン・モとカン・ミンチョルの間では、この問題以外でも、ことごとく意見の衝突があった。

以下はその衝突の一例だが、テロリスト三人が一〇月六日、チョン・チャンフィの邸宅を出てから、ジン・モは夕暮れが近づいてもアジトに戻らないという方針を決めた。他のホテルや旅館に行くのも避けた。挙動不審により怪しまれ、検問を受けるかもしれないという危険を避けるためである。そこで彼は、全員で野宿をすることを提案した。

カン・ミンチョルはこれに反発した。寝場所が不便だということに加え、どこに行ってもしつこく刺される蚊の群れのために安眠できないというのである。カン・ミンチョルは睡眠不足で皆が疲れ果て、実際に大仕事を決行する段階で過ちを犯したらまずいという理由で、チョン・チャンフィのアジトに戻るか、あるいはちゃんとした宿所に行こうと言った。そのときにもジン・モはこの意見を黙殺するとともに、面と向かって彼を非難した。また、カン・ミンチョルは街の商店で十字架がついているロザリオを一つ買ったことでジン・モに叱責されたこともあった。その後ジン・モが処刑され、独りで刑務所に服役していたときも、カン・ミンチョルにはジン・モに対する嫌悪感が残っていた。特にロザリオは、もしかしたら故郷で彼を待っている女性への贈り物だったために、なおさら恨みが募ったのかもしれない。

二人の対立は、大仕事を終えてから後の、任務に対する評価のことを念頭に置いていたのではないかという話もある。カン・ミンチョルが服役中に韓国大使館員に陳述した内容によると、ジン・モにはすべての任務を自らの主導下に置くことで、任務が成功した暁には、すべての作戦の主役は自分だったことを確実に仲間たちに認識させておきたいという思惑があったのではないか、とのことだった。

もしカン・ミンチョルの考え通りに、シュエダゴン・パゴダでリモコンを操作していたら、結果は違っていたはずである。そうすれば、彼らの作戦は完全な成功を遂げていたかもしれない。カン・ミンチョルは後日、次のような言葉で説明している。「全斗煥大統領が生き残れたのは、神様が決めたことだ。他の言葉では説明ができない。私たちはできることはすべてやったし、失敗する可能性は万に一つもなかった。それなのに、作戦は失敗に終わった。人間がいくら聡明であっても、結局、すべてのことを決める力は私たちの手の及ばないところにあるようだ」とぼやいたのである。

アウンサン廟への爆弾設置を見抜けなかった警備体制

最終的に彼らは意見を調整し、ジン・モの主張通りに、ウィサラ通りの自動車整備工場前で、全斗煥大統領一行が通過するのを待つことにした。しかし、この工場に立ち入ろうとしたところ、予期しなかった出来事が起こる。

この工場の主は、一〇月九日午前八時四五分頃、中国人らしい三〇歳前後の怪しい者が仕事場に入ってきたと、従業員から報告を受けた。この怪しい男こそがジン・モ少佐だった。従業員は、その怪しい者はビルマ語を知らず、普通には見えなかったため、一旦会ってみるよう工場主に勧めた。話を聞いた工場主が出てみると、その怪しい者は他の従業員と身振り手振りで会話をしていた。工場主がここに何の用事で入ってきたのかと聞くと、ジン・モは「チャイナ、チャイナ」と繰り返すだけであった。自分は中国人だと言ったつもりであったのだろう。言葉が通じなかった。

ジン・モは左肩にショルダーバッグをかけ、右手に腕時計をして、外は霧雨が降っていたため傘を持っていた。二五チャット（当時のレートで約六五〇円）のビルマ紙幣を握っており、恐らくジン・モは、このお金をあげるからここにいさせてくれと言いたかったようであったが、意思の疎通ができなかった。ジン・モの上着ポケットの左端には黒色の万年筆が逆さまに刺さっていた。言葉が通じず困っていた工場主がジン・モのポケットから万年筆を引き抜いて、筆談を促す仕草をすると、ジン・モはびっくりして万年筆を奪い返し、慌しく工場の外へと逃げていった。この万年筆は起爆装置であったことが、後日の調査の過程で明らかになった。

ジン・モは外で待っていた二人と合流し、自動車整備工場は諦めて、他の場所に移動することにした。結局、彼らはウィザヤ映画館前に移動し、群衆に紛れ込んで場所をとり、全斗煥大統領一行の通過を待った。ウィザヤ映画館はアウンサン廟から約一キロ離れた場所にあり、アウンサン廟に向かう大通りに面していた。

一方、現場では韓国の警護要員たちとビルマの警備員たちとの間で、若干の不協和音が生じていた。韓国の警護要員たちはビルマの警備員たちに、金属探知機で廟内を検査するよう要請したが、警備員たちがこれを拒絶したのである。ビルマ側は廟の外部での警備は韓国が担当するが、内部は自分たちの責任なので、内部の検査は必要ではないという立場であった。

後日、当時の警備に関与していた人物に、なぜ現場の検査をしなかったのか聞いたのだが、はっきりした答えは聞けなかった。廟が聖域であるからという理由で反対したという話もあれば、屋根に釘《くぎ》のような建築資材がたくさん入っていて、金属探知機で検査しても意味がないだろうという説明もあった。

当時、保安要員として勤務していた廟の管理人に、なぜビルマの情報機関は北朝鮮のテロ犯たちが隠した爆弾を探し出すことができなかったのかと聞くと、屋根まで検査するという考えには至らなかったとの答えであった。当時のビルマの警備水準はその程度であったのかもしれない。それにしても、警備を疎かにしたという批判は免れないだろう。

事件後、ビルマ情報部の幹部たちは問責を受け、一般部隊に転出し、幹部陣は新しく編成されたと言われている。これも、ビルマ警備員たちから私的に聞いた話に過ぎない。ビルマ政府の公式発表ではない。安企部の現地派遣官の姜鍾一はビルマとの事前協議で、あらかじめこの問題を提起していたという。彼は北朝鮮の工作員が以前にソウル国立墓地で行ったようなテロを強行する可能性があるので、自分たちが廟の内部を再調査してみる必要があると力説したが、ビルマ側はこの主張を受け入れなかった。姜鍾一は数日前に現地の情報員から、北朝鮮による何らかの怪しい動きがあるとの情報を入手していた。

生死を分けたラッパの音——全斗煥大統領は生還

インヤーレイクホテルに泊まっていた韓国側関係者と記者たちは、一〇月九日午前一〇時にアウンサン廟に向けて出発した。政府関係者たちは先にアウンサン廟に到着し、二列に並んで大統領を待っていた。少し後でバスに乗ってきた記者たちが到着し、列の前を通り過ぎると、待機していた李範錫《イボムソク》外相が平素からよく知っている記者に、「ミスター・パク、夜にでもちょっと会おう。記者たちは何人来られたのか」と話しかけた。行事所轄官庁の外相として、随行している記者たちに「寸志」を渡すのが慣例とされていたのである。これが、この記者が李範錫外相と交わした最後の言葉になった。

一方、迎賓館では緊張が走っていた。全斗煥大統領に随行することになっているビルマ外相が、時間になっても到着していないのである。一〇時一五分に迎賓館に到着し、大統領に随行することになっていたが、予定に遅れていた。約束の時間から二分が過ぎたとき、全斗煥大統領が下の階に下りてきて、出発準備はできたのかと聞いた。随行員が儀典長のビルマ外相がまだ到着していないと答えると、大統領は不愉快な顔をしてまた二階に上がって行った。この偶然の手違いが全斗煥大統領に千万倍の幸運をもたらすことになった。

この手違いは、双方の小さな誤解から始まっていた。前日に、韓国の儀典官がビルマ側に対して、迎賓館で行うことになっていた韓国大統領夫人が参加する行事を、大統領が出発した後の一〇時三〇分からに変更しようと提案した。大統領がいる同じ建物内で、同じ時間帯に他の行事をするのは負担になるという意図からであった。ところが、ビルマ側はこれを全斗煥大統領の出発時間を延期しようという意味にとってしまい、間違った伝達を受けたのであった。結局、約束の時間より四分遅れて、一〇時一九分にビルマ外相が到着した。

そのために、大統領の出発は、一〇時二四分になった。予定していた時間より四分遅れての出発であった。わずか四分間の差異が思わぬ結果を生むことになるとは、そのときには想像もできなかった。

このようなハプニングがあったことを知りもせず、テロリストたちは映画館付近で、群衆に紛れ込み、苛立《いらだ》ちながら全斗煥大統領が来るのを待っていた。一〇時二四分頃、警察の白バイに先導された黒いメルセデスベンツのリムジン一台が韓国国旗をなびかせながら通り過ぎた。群衆はこれを大統領が乗っている車であると錯覚し、韓国国旗とビルマ国旗を振りながら歓迎した。しかし、全斗煥大統領はその時刻には、まだ迎賓館にいた。この車に大統領が乗っているものと誤解された背景にも、小さな理由が潜んでいた。

実は、その日の朝、全斗煥大統領は李啓哲《イケチョル》大使を迎賓館に呼び寄せていた。大統領は今回の行事で苦労したビルマ大使館の職員たちに若干の誠意を表することにし、大使を通じて慰労の意を伝えようとしたのである。李大使の顔を立てるための大統領の配慮でもあった。そのために大使の車両が、迎賓館から主要人物たちの車両と一緒にアウンサン廟へと向かったのであった。この大使たちの車両行列が大統領の出発に先立ちアウンサン廟に向かったのは、迎賓館の前庭の円形ロータリーが狭く、随行員たちが大統領と一緒に発《た》つのが難しかったゆえに、先に李大使と一緒に出発することにしたためであった。このような幾つかの偶然が重なり、状況の変化によって人々の運命が決定されることになった。

先行していた車両行列は一〇時二五分、アウンサン廟に到着した。車から降りた一人が、ビルマ駐在韓国大使の李啓哲であった。李大使は背が高く頭が禿《は》げていて、遠くから見ればどこか全斗煥大統領に似ていた。李大使は大統領を待っていた人たちに近寄り挨拶し、大統領がまもなく到着することを伝えた。爆弾が炸裂する三分前のことであった。

主要閣僚など二一人の生命を奪った大惨劇

参列者たちが整列を始めた矢先に、突然行事の開始を知らせるラッパの音が響き渡った。二小節の短いラッパの音だった。これは全斗煥大統領の身に起こった一連の偶然による幸運の中でも、最も決定的なものであった。なぜなら、行事が正式に開始する前に、ラッパ手が行事の開始を知らせるラッパを吹くことは、極めて異例であるというよりは、あり得ないことであったからである。しかし、そんなあり得ないことが起こってしまったのだ。なぜ行事が始まる前にラッパ手がラッパを吹いたのかについては、いまだに納得がいく説明はない。現場にいた人たちの証言やビルマ政府の公式調査記録にも、この部分についての説明はない。もしかしたら、ラッパ手も李啓哲大使を大統領だと錯覚してしまったのかもしれない。

テロリストたちにとってはこのラッパの音が、実に決定的な合図であったはずである。ラッパの音を聞いたからには、これ以上爆発を先に延ばすわけにはいかなかった。ジン・

モはラッパの音が鳴った後、少しの間を置いてリモコンのスイッチを押した。

刹那、アウンサン廟に爆音とともに稲光のような閃光と猛烈な爆風が起こり、瞬時にすべての物が爆風に巻かれて飛び散った。一瞬の間にアウンサン廟は真っ暗闇に包まれて、建物の破片とともに人の身体から引き裂かれた肉片や骨片などが、四方に飛び散った。現場はまさに修羅場と化した。木造の廟の建物は崩れ落ち、垂木は崩れて屋根は吹き飛んでいた。それらの瓦礫《がれき》の下に、大統領を待って列をつくっていた人々の引き裂かれた身体が散らばっていた。廟を取り囲んだ建物からは人々が狂乱状態で飛び出していった。

負傷者の中には、垂木なり他の構造物なりの下敷きになり、「助けてくれ」と叫ぶ人もいた。宋永植参事官は現場に走って駆け付け、垂木を持ち上げようとしたがびくともしなかったと回想している。

炸裂したクレイモア爆弾の中には鉄球が入っていて、より大きな被害をもたらすことになったと報道された。現場の収拾に当たっていた関係者の証言によると、死亡した金東輝《キムトンフィ》商工相の上着の内側のポケットには、下賜金に使う予定だった米ドルの札束が入っていたが、その紙幣の束がずたずたに引きちぎれていたという。この爆発によって、徐《ソ》錫俊《ソクジュン》副総理をはじめ、李範錫外相、金東輝商工相、徐《ソ》相喆《サンチョル》動力資源相の四人の主要閣僚と、咸《ハム》秉春《ビョンチュン》大統領秘書室長などの政府関係者や報道関係者など一七人の人命が失われ、ビルマ側も四人の主要閣僚を含む政府関係者が貴重な生命を失った。また、韓国とビルマの両国で合計四六人の負傷者を出した。双方にとって大きな損失であった。

テロの本来の目標であった全斗煥大統領は、幸いにも災難を免れた。勘違いによる時間の遅れ、行事時刻前に鳴ったラッパの音など、一連の偶然が重なり大統領にとっては幸運だったものの、政治的には重大な影響が及ぶことになった。しかし、北朝鮮政権が狙った政治的な効果は見事に外れ、むしろ期待したこととは正反対の結果を招いた。

迎賓館からアウンサン廟まではわずか四・五キロの距離である。爆発が起こった時刻は一〇時二八分で、大統領を乗せた車両はその四分前に迎賓館を出発し、テロの瞬間には廟まで一・五キロの場所を走っていた。公式行事はその二分後に始まる予定であった。犯人たちがラッパの音が聞こえた後も爆破装置を作動させず、もう少し待っていたら、結果は違うものとなっていたかもしれない。

全斗煥大統領にとっては不幸中の幸いであった。先発隊の警護員から爆発に関する緊急報告を受けると、大統領はすぐに車を引き返して迎賓館に戻るように指示した。そして迎賓館に到着するとただちに、生き残った三人の補佐役の金炳薫《キムビョンフン》儀典首席、黄善必《ファンソンピル》公報首席、張世東《チャンセトン》警護室長を呼び、ビルマ訪問を即時中止し、ソウルに帰る準備を進めるように指示を下した。続いてソウルに連絡して緊急に特別機を手配し、負傷者と死亡者を移送する準備を急ぐよう指令を出した。それ以外にも、本国に安全保障政策を含めて、この非常事態において必要となる重要案件に関して指示を発した。

これが、ラングーン事件の顛末《てんまつ》として、主にビルマ政府の調査に基づき公式に発表された内容であった。しかし、当事者であるカン・ミンチョルの証言によると、事実は違うというのである。

ビルマの国民的聖地アウンサン廟の爆破——失敗した作戦

カン・ミンチョルは、全斗煥大統領が災難を免れたのは、勘違いによる時間の遅れのために起きた偶然の幸運だけではないと主張した。カン・ミンチョルが刑務所での服役中に、同僚の受刑者たちに話した内容によれば、あの日の作戦の失敗は、攻撃武器の選択を誤った北朝鮮側の失策によるものであったという。

テロリストたちは李啓哲大使を全斗煥大統領と間違えて、リモコンを作動させたのではなかった。ラッパの音を行事の開始だと錯覚したのでもなかった。彼らは、全斗煥大統領がまだ到着していなかったことも知っていた。迎賓館に配置されていた別の北朝鮮の工作員から、全斗煥大統領の動きについて、時々刻々、伝達を受けていた。テロリストたちは全大統領の行程と動線をあらかじめ把握していたし、迎賓館で遅れが生じていることも、彼の車両行列がどこまで来ているのかも知っていたというのである。

テロの主目標である全斗煥大統領が到着する前に爆発が起こったのは、その一三年前のソウルの国立墓地の時と同じケースによる事故であったというのだ。要するに、計画が正確ではなく、爆弾自体に問題があったと言っているのだ。

カン・ミンチョルによれば、彼らは全斗煥大統領が行事現場にまもなく到着することを知って、焦ってイライラしながら待っていた。そこに鎮魂曲のラッパの音が聞こえてきた。しかし、彼らはこのラッパの音にはさほどの神経を払わず、大統領の車両が来る方向を注視していた。そのとき、予期しなかった爆発が起こった。他の人々と同じように、いやむしろ他の人々以上に、彼らはもっと驚き慌てふためいた。まさに主目標を爆殺する瞬間を目前にして、すべてが水泡に帰した瞬間であった。決定的な瞬間に、一三年前と同じ失敗が再び繰り返されたのだった。

彼らは全斗煥大統領を乗せた車両が慌ててUターンし、引き返していくのを見ながら、何もできなかったことにもどかしさを感じていたという。「全斗煥大統領を救ったのは神様」というカン・ミンチョルの嘆息は、このような彼らの手の届かないところで決められていたという認識からであった。彼らはまず現場を抜け出し、脱出に成功しなければならなかった。

失敗の原因は彼らにもわからなかった。一つ可能な推測は、現場では多くの電波が飛び交っていただろうから、その中の一つがリモコンを誤作動させたのではないかというものである。現場にいた外務部儀典担当職員たちや大統領の警護員たち、ビルマ側の要員たちは皆、無線通信機を使用していた。事件の時点で現場にいた李秀赫《イスヒョク》外務部事務官と崔相《チヨイサン》徳《トク》儀典課長も、無線通信機を使用し、外部と緊密に連絡をとっていた。安企部要員たちと大統領警護員たちも、無線電話機を使っていたはずである。

もしかすると、北朝鮮の工作指揮部はテロを計画していながら、現場が野外であること、および電波が飛び交うということを見過ごしていたのではなかったか。もしカン・ミンチョルの証言が事実なら、アウンサン廟爆破の失敗は、単に勘違いによる時間の遅れや他の偶発的な事件が連続したことで起こった結果ではなかったことになる。北朝鮮のテロを企画した当局は、現地に派遣した工作員たちの失敗を咎《とが》めることはできない。このテロでは計画自体だけでなく技術的な面でも、北朝鮮当局が愚かな過ちを犯していたことになるからだ。

北朝鮮テロ当局による技術的な失敗だと推測するだけの、確かな証拠がまだある。設置した爆弾の一つは不発だったのだ。もともとテロリストたちが設置した爆弾は、対人地雷(クレイモア)二個と焼夷弾一個であり、全部で三個であったが、そのうちの対人地雷一個と焼夷弾は爆発したものの、一個は不発で残り、ビルマ捜査当局に回収された。

北朝鮮政府が企図していた政治目的からすれば、テロは完全な失敗であった。韓国政府の重要人物は多数殺傷したが、一番重要な目標である全斗煥大統領の暗殺に失敗したため、北朝鮮政府が狙っていた韓国全土での不安定化や混乱、そして抵抗運動の拡大などはまったく生じず、むしろ北朝鮮政権の方が窮地に陥り、弁明と逃げ口上で汲々《きゅうきゅう》としなければならなくなったのであった。

ビルマ首脳部の謝罪

事件直後の韓国の反応は衝撃そのものであった。特に軍部の若い指揮官たちは即刻、北朝鮮に報復措置をとるべきだと口を揃えた。全斗煥大統領は、少なくとも自分が帰国するまでいかなる行動も起こさないよう指示を出した。この指示は金炳連アジア局長を通して、金相浹国務総理に伝達された。全斗煥大統領が殺されなかったことは、単に本人にとっての幸運というだけに留まらなかったかもしれない。仮の話だが、もし全斗煥大統領がテロで殺害されていたら、南北関係がどのように崩壊していったか、知る由もない。大統領がいない政府が、軍部の強力な動きを上手《うま》く統率できたかは疑問である。

運良く自身の惨事こそ回避できたが、全斗煥大統領の身辺は依然として不安であった。まだ、誰が何を狙ったテロだったのかも明確ではなかった。身辺保護のためにも大統領は早く韓国に帰らねばならなかった。迎賓館はインヤー湖畔に位置しており、自然の景観は大変優れていたが、三面が水なので警備においては大変不利な地形であった。原則として、大統領の海外訪問時には、その警護は訪問国の側に責任がある。しかし、目前に迫っている事態を見ると、訪問国のビルマを信頼して身辺保護を任せられるような状態ではなかった。

それに突発的に起こった事件であったので、大統領も警護員たちも皆こうした大事件に対する準備などまったくなく、誰が加害者で何をどのように警戒しなければならないのか、当惑するしかなかった。全斗煥大統領が迎賓館に到着した直後に、サンユ大統領が外相を帯同して迎賓館にやって来た。

サンユ大統領は全斗煥大統領に謝罪と遺憾の意を表した。このとき、全斗煥大統領はまず負傷者の事後処理問題を依頼し、次に今回の犯行がその手法から見て、北朝鮮の工作員の仕業であると判断できると言った。サンユ大統領は重ねて謝罪したが、北朝鮮の仕業であるという言葉に対しては反応しなかった。

続いて迎賓館を訪問した、当時ビルマの実質的な最高権力者であったネウィン議長も、全斗煥大統領に警備が徹底できていなかった点について謝罪した。全斗煥大統領は再び、今回の不祥事が北朝鮮の所業であるという点を強調した。ネウィン議長もまた、犯人に関しては特に言及せず、犯人を探し出して事件の全貌を必ず明らかにするという約束だけをした。

全斗煥大統領一行の帰国直後、韓国政府は公式声明を通じ、今回のテロは北朝鮮の犯行であったと発表した。帰国飛行便で随行していた大手財閥の総帥たちは、鄭周永《チョンジュヨン》全国経済人連合会長・現代《ヒョンデ》グループ会長の発意で、犠牲者の遺族のための基金供出の意思を確認した。このときの基金が後の日海《イルヘ》財団やその後継である世宗《セジョン》研究所に繋がっている。

生死の別れ道

全斗煥大統領以外に、他の何人もが生死の別れ道に遭遇した。朴昌錫《パクチャンソク》韓国日報記者は、最初は壇上にいたが、廟の外で平素より面識がある外交官と会話を交わすために少し席を外している間に爆発が起こり、軽く負傷しただけで危機を免れた。彼は後に『アウンサンリポート』という貴重な書籍を著述している。

黄善必公報首席秘書官は、迎賓館で全斗煥大統領に国内外のその日のメディア報道について報告し、席を立とうとしたが、大統領からお茶を飲んで行くよう勧められ、出発が少し遅れた。お茶を飲んだ後に外に出た黄秘書官は、他人が自分の車に乗って行ってしまったのを知って慌てて、タクシーを拾ってアウンサン廟に向かった。結局、そのお陰で災難から逃れることができた。彼は、アウンサン廟近くに接近していたときに爆発を感知した。爆発音は聞こえなかったが、空気中に重い衝撃波が押し寄せてくるような感覚を覚えたという。現場に到着した彼は、間一髪で恐ろしい災難を免れたことを知り、衝撃を受けた。

李基百合同参謀本部議長は、礼服を準備してこなかったので、重い軍帽と勲章がたくさんぶら下がっている軍服の正装をして行事会場に行った。そのお陰で、爆弾による被害を軽減することができ、負傷はしたものの命拾いした。後に金大中政権の外相となった洪淳《ホンスン》瑛《ヨン》外交秘書官は、文書を作成しようと宿舎に留まっていたので災難を免れた。公式随行員たちは行事会場の外の東屋《あずまや》で待機していたため、大惨事に巻き込まれなかった。

幸い負傷を負いながらも生き残った人の中には、そのときの衝撃をまともに克服できずに過ごしている人もいる。爆発によって木造の廟は崩れ落ち、屋根自体が吹き飛んだ。その瓦礫の下に、大統領を待って列をつくっていた訪問団の人たちの引き裂かれた身体が散らばった。負傷した人たちも身体中が傷だらけで、声が出せない状況であった。

死亡者は、ラングーンの第二陸軍病院に送られ、李基百合同参謀本部議長を含む一九人の負傷者は、一番近い距離にある第一陸軍病院に移送された。ビルマ側の負傷者のうち一人は病院に到着した直後に死亡した。

韓国側の負傷者一六人とビルマ側の負傷者は、一旦二階の病室に移された。死亡者は霊安室に移され、負傷者は緊急治療を受けた。しかし、病院とはいえ患者収容施設も極端に不足していたし、医療水準も低く、病院側も被害者側も困難なことが多かった。韓国外交官たちの回想によると、当時のビルマの病院は韓国の一九五〇年代の水準であったという。それでもビルマ当局は最善を尽くし、負傷者を治療した。医者でもあった保健相までもが治療に当たり、誠意を尽くした。それ以外にも病院長をはじめ軍医官、専門医、看護師などが総動員され、皆が熱意をもって治療に当たった。李基百議長と李基旭《イキウク》財務次官はその中でも特別な配慮を受けて、優先的に手術を受けた。

死亡者に対する検死と負傷者の治療を通してわかったのは、これらの人たちに致命的な被害を与えたのは、主に爆弾の破片による傷と火傷《やけど》、そして崩れ落ちた建物によって発生した二次災害だったことである。大使館職員と大統領に随行してきた訪問団の一部の人たちも、まずは死亡者と負傷者を助けることに全力を尽くしたが、途轍もない事態であったし、やらなければならない仕事に対して人手はあまりにも足りない状況であった。

皆が事態の収拾に忙殺された。死亡者の身元を確認し、遺骸を霊安室に安置し、負傷者を助ける仕事だけでも人手は不足した。一部の者はインヤーレイクホテルに行き、ベッドのシーツを剝いできて真っ黒に焦げた死亡者たちの遺骸をくるみ、霊安室に移した。幾体かは損傷があまりにも酷く、身元確認だけでも骨が折れる作業であった。

テロが生んだ悲劇

事件の一番の被害者は、もちろん不運にも恐ろしい事件に巻き込まれた犠牲者たちと、後に残された彼らの遺族である。死亡者は大部分がそれぞれの活動領域で重要な役割を果たしていた優秀な人材で、将来の活躍が期待された人物たちであった。その中でも、筆者が個人的に尊敬していたのは金在益《キムジェイク》大統領首席秘書官である。優れた能力があり、高校二年のときに大学の受験資格を獲得し、当時のソウル大学でも最も競争率が高い政治外交学科に合格した人物だ。秀才であるだけでなく、品格があり立派で、いつも落ち着いていて誰に対しても謙虚であった。卒業後には韓国銀行調査部で勤務する傍ら、大学院に進学して修士号を取得し、母校のソウル大学で非常勤講師として教えていた。個人的にも親しかったので、惨《むご》い事件に遭ったとの知らせを聞いてあまりにも衝撃が激しく、遺族にお会いする勇気も出てこなかった。後日、新聞に彼を追慕する文章を寄稿したことがある。

死亡者の遺骸は霊安室に安置されていたが、特別機で韓国に移送され、皆、国立墓地に埋葬された。李秀赫事務官は事件直後に病院を訪れ、玄関応接室で李啓哲大使夫人に会った。大使夫人はそのときまで大使の生死を確認できておらず、李秀赫に大使の安否を尋ねた。李秀赫はすでに大使が命を落とされたことを知っていたが、どうしても話せなかったという。

遺族たちの衝撃と喪失感は言葉で表現することはできない。遺骸を乗せた特別機は一一日、金浦国際空港に到着した。わずか数日前、重要な国家行事のために出発したときの記憶がまだ鮮明なのに、遺骸となって故国に帰ってきたのであった。二日後、合同国民葬がソウルの汝矣島《ヨイド》広場で挙行された。

未亡人の一人、河東善《ハトンソン》海外経済協力企画団長の妻であったチャ・キョンスクは夫を失って三年後の一九八六年一二月、長い苦痛の末に投身自殺を遂げた。

事件から七年後の一九九〇年一〇月、遺族を代表して現地を訪ねた四人の未亡人は次のような言葉を残している。

生きてソウルを発たれた後は、一度も亡くなられたお身体を見たこともなく、事件現場も見たことがなかったので、亡くなられたことがいまだに実感できません。今も必ずどこかから、出てこられるような思いです。

このように、多くの人々が酷い苦痛に苦しまなければならなかった。残酷な災難に遭い幽明境を異にした人たちや、生き残り、酷い傷を抱えて生きていかねばならなかった人たちの大部分は、この悲劇的状況に対して何ら直接的な責任のない人たちであった。

第五章　テロリストたちの運命

テロリストたちの帰還方法はなかった

韓国はもちろん、ビルマ政府、そして全世界が衝撃と驚愕《きょうがく》の中で事態に対処したり、注視したりしている渦中、三人のテロリストは急いで現場から脱出した。爆発直後、アウンサン廟周辺が混乱し、ひっくり返ったような状況に陥っていた中で、警察と軍による厳戒体制が敷かれていた。このとき、ジン・モは、三人が一緒に行動するよりは各自で脱出する方がよいと判断し、二人の仲間には絶対に大使館のアジトには戻ってはいけないとだけ言い残して、急いで現場を離れた。北朝鮮は彼らを安全に脱出させる方策なり、非常事態に備えた予備策なりは用意していなかった。

彼らは結局、全員が逃走中の交戦により死亡するか、負傷して捕まるなどしたため、すべての真相が白日のもとにさらされることになった。彼らの脱出が失敗した根本的な原因は、このような大規模テロでも徹底して上層指揮部の都合に合わせる形で計画が立案され、現地の工作員への配慮がほとんどなかった点にある。

計画では、快速艇がラングーン川で彼らを待っていて、河口で待機している母船の東建愛国号まで彼らを連れていくことになっていた。少なくとも三人のテロリストたちはそれを信じていた。しかし、現実にはそこに快速艇はいなかった。母船も待機していなかった。そうした事情も知らず、爆弾が爆発した後、彼らは慌てふためきながら必死の思いでラングーン川に向かったのだ。快速艇はいくら探しても見つかるはずもなかった。

これはテロを計画した北朝鮮指揮部の重大な計算違いに起因している。もとより失敗は想定されていなかったのである。しかし、指揮部はテロ実行後に状況が根本的に変わってしまう場合も想定して、方策を考えておくべきであった。

東建愛国号は、テロ実行三日前の一〇月六日、ラングーン港に再入港する許可を申請したが、ビルマ当局はこれを許可しなかった。この時点では、全斗煥大統領の訪問が目前に迫っていた状況であったため、これは当然の措置であった。ビルマ側が再入港は一〇月一五日以降なら可能であると通知したがゆえに、東建愛国号はテロリストたちが必死に脱出を図っているときには、インドで肥料を荷積みしていたのである。

テロ後、事態が進行するにつれてはっきりしたことは、よしんば東建愛国号が入港許可を得られ、河口で彼らを待っていたとしても、彼らの脱出が計画通り上手くいくかどうかは疑わしかったということだ。しかも、北朝鮮側は東建愛国号がビルマに入港することができないばかりか、ラングーン川で彼らを待つ快速艇もないという事実を、彼らには知らせていなかった。テロリストたちは片道切符だけを渡されて、隠密の大仕事を課せられていたのだ。

そうした事情も知らないテロリストたちは当初の計画通り、各自が快速艇を目指し、ラングーン川に向けて脱出を試みた。やっと川辺にたどり着いたジン・モは、快速艇を探したが、見つからないので、一晩川辺で野宿し、昼間は時間を潰して日が暮れてから川に飛び込み、下流に向かって泳ぎ始めた。ビルマの一〇月は雨期が終わる頃で、川も増水しており流れも激しい。それでもジン・モは自身の水泳の実力を信じ、自力で脱出できるはずだと考えた。

しかし、ビルマはその当時、民間レベルでも警備体制が確立されていて、特に大事件の直後で怪しい動きに敏感だったこともあり、無事に抜け出すのは困難な状況であった。一〇月一〇日夜九時頃、ラングーン川支流のパズンダウンクリークで、川の流れに沿って頭だけ水面から出して浮かんでいる一人の男を岸辺に集まっていた住民たちが発見し、その男に岸辺へ寄るように呼び掛けた。しかし男は、このような声には見向きもせず、懸命に泳ぎ続けた。この男こそがジン・モ少佐であった。

懐中電灯を持った人たちと大勢の住民たちが川辺に沿って男を追う一方で、通報を受けて駆け付けた警察官たちもボートで男を追いかけた。男はニャウンタン桟橋の浮き足場に近づき、立ち上がったが、腰までしか水に浸らない深さだった。そこで村の住民たちが男を取り囲んだ。男が腰につけていたカバンから手榴弾を取り出して威嚇したところ、その場ですぐに爆発が起こった。男はしばらく川の流れに沿って流れていき、川の中に立っていた杭《くい》にぶつかって止まった。一人の警察官が川に入って男を捕まえ、別の警察官が男の両手を縛って岸辺に引きずり上げた。男は両目や両腕、さらに腹部を負傷しており、警察官に抵抗できずに捕らえられた。手榴弾が爆発したときに、近くにいたビルマ人三人、船員一人と漁夫一人が負傷した。

タクーピン村で生け捕りにされたカン・ミンチョル

ジン・モが急いで現場を離脱した後、残されたカン・ミンチョルとシン・キチョルもまた、ラングーン川へ向かって歩き始めた。途中、タクシーを拾い、ラングーン川方向へと逃げた。

タクシーでラングーン川に到達したものの、いくら探してもあるはずの快速艇は見当たらない。しかし、特殊訓練を受けた彼らは、このような状況にも当惑したり、簡単に絶望したりすることはなかった。予期せぬ状況で機転をきかせ、現場を抜け出すことができる精神力を養うことも訓練の重要な部分を占めていた。

彼らは快速艇を諦めて下流へ向かい、川辺にあった野菜市場へ行ってサンパン一隻を借り、対岸に渡った。そして、そこから再び川辺に沿って歩き始めた。脱出計画に手違いが生じたことは不安ではあったが、そのときはまだ、絶望的な状況ではなかった。夜になると疲労が重なって疲れ果て、暗くて道をろくに探すことができなくなった。夜道を歩いているうちに、川岸にある空き家を見つけ、そこで一晩仮眠をとった。

彼らは、何も食べることができなかった。そこで一〇月一一日の早朝、近くの村へ入って行くと、村の入り口で、早朝に漁に行く二人の漁夫を見かけた。カン・ミンチョルは漁船を借りればもっと容易に河口に出ることができると考え、漁夫たちに接近した。そして持っていたお金を見せて、身振り手振りでラングーン川入り口のタウンゴン村まで連れていってくれと頼んだ。漁夫たちは彼らを怪しいと思ったが、一旦、交渉には応じた。彼らは小さい漁船に乗って河口へ下って行った。しかし漁夫たちははじめから彼らを不審に感じていたので、機会を見て役所に通報するつもりだった。大きなテロ事件の直後だったため、怪しい人間を見たら通報するように通達が出ていたのである。

漁船がラングーンから南方約三〇キロのタクーピン村に近づくと、漁夫の一人がお腹が痛くなったので薬を買わねばならないと言って、船を降りて陸に上がった。その漁夫はただちに、警察と村の人民委員会に通報した。自分たちが疑われているとは考えもせず、カン・ミンチョルとシン・キチョルはタクーピン村に到着すると、漁夫に約束のお金を渡して上陸した。そして村の店に立ち寄り、タバコ三箱と中国製菓子を買い、五〇チャット(当時のレートで約一三〇〇円)を支払った。その間に漁夫の案内で四人の警察官たちが店に到着した。

警察官はまず、彼らが背負っているリュックの検査を要求したが、彼らは「マネー、マネー」とだけ繰り返した。あまりにもしつこいのでカン・ミンチョルが座り込み、持っていたカバンの一つを開けた。その中には外国紙幣がたくさん入っていた。警察官は二人を派出所に連行した。そこでまた警察官は、彼らが所持していた他のカバンすべてを検査しようとしたが、二人は拒否し続けた。とうとう警察官は彼らに銃を向け、カバンを取り上げようとした。シン・キチョルは強引にカバンを奪おうとした警察官と揉み合いになった末、カバンの中から銃を取り出し、警察官に向けて発砲した。そして銃撃戦が始まった。撃ち合いの末、シン・キチョルはその場で致命傷を負って即死し、警察官二人も重傷を負った。この騒動の間にカン・ミンチョルは派出所の外へと逃走した。

後日、安企部海外工作局長の李常九がシン・キチョルの遺体を検分した。彼は裸にされた状態で、アウンサン廟でのテロの被害者が収容されている病院の霊安室に保管されていた。シン・キチョルの皮膚は蒼白《そうはく》に近い白さで、身体中が銃創で惨い状態であった。恐らく銃撃されて重傷を負っていたが、戦いを放棄せず、最後まで応戦し続けたのだろう。

派出所で銃撃戦があり、テロ犯の一人が逃走した後、タクーピン村には即時警戒令が発令され、軍隊が派遣された。村はもちろん周辺地域でも、水も漏らさぬ捜索が始まった。翌日の一〇月一二日の朝、村の少年から、怪しい外国人が葦《あし》の茂みに隠れているのを見たという通報があった。カン・ミンチョルは川岸にある茂みに隠れていたのである。

軍人たちは、怪しい人物を殺さずに必ず生け捕りにするよう指示を受けていた。九時三五分頃、カン・ミンチョルが身を隠していたゴミの山の周辺を住民が取り囲んだ。軍人と警察官、そして民間人までもが合流した大勢の人たちがカン・ミンチョルに接近し、降伏せよと言うと、彼は隠れていたところから立ち上がったが、その手には何かを持っていた。軍人たちがカン・ミンチョルを生け捕りにしようとして、のしかかろうとした瞬間、彼は左手を上にかざして威嚇した。その手には手榴弾が握られていた。そしてただちにカン・

ミンチョルが安全ピンを引き抜こうとしたのと同時に、軍の指揮官が「爆弾だ」と叫んで地面に伏せた。その瞬間、手榴弾が爆発し、カン・ミンチョルの悲鳴が響き渡った。カン・ミンチョルは重傷を負って地面に倒れ、軍人たちが彼にのしかかった。カン・ミンチョルに襲いかかろうとしていた他の軍人たちも重傷を負い、同じ場所に倒れていた。

指揮官が近くに寄ると、カン・ミンチョルは少し身体を動かし、首を上げて周囲を見回した。指揮官はカン・ミンチョルに、「コリアン、起きろ」と叫んだ。カン・ミンチョルは頭を二回振った後、倒れた。指揮官が続けて起きるように促すと、カン・ミンチョルは左腕を持ち上げて見せたのだが、手首から先が断ち切れてなくなっていた。カン・ミンチョルは待機していたビルマ軍に引き渡された。負傷した二人の軍人はヘリでの移送中に死亡し、カン・ミンチョルは重傷を負いながらも生き残った。

結局、遠い異国の地まで、同じ民族の者を殺すためにやって来た三人の若者たちは、一人が死亡し、他の二人は身体中に傷を負ってビルマ当局に捕まったのであった。

テロリストの治療に全力を尽くしたビルマ医療陣

ジン・モとカン・ミンチョルは、重傷を負っていたにもかかわらず、回復が早かった。

彼らは二人ともラングーン人民総合病院（現在のヤンゴン総合病院）に収容され、四つの医療チームが二人を同時に手術した。彼らの治療を担当し指揮したビルマ軍所属の外科医ミヤティンハン中佐は、後日、裁判で二人の負傷の状態と治療経過について証言した。中佐は上層部の指示で、彼らの治療に全力を尽くしたと話した。

カン・ミンチョルは病院に運ばれてきたときには、意識が朦朧《もうろう》としており、顔や両足などを負傷し、腹部にも重傷を負っていたので、開腹手術を行った。左腕は治療困難な状態だったので、肘近くから切断したという。二人はビルマの医療陣が自分たちの治療に最善を尽くし、良くしてくれたと感謝していたようだ。カン・ミンチョルは、文字が書けるようになればすべての真相を明らかにすると言い、一一月三日、自白する心の準備ができたと軍事委員会に報告した。

外科医チトウィン中佐は、ラングーン事件当時、韓国側負傷者の最初の治療を担当した人物である。引き続きテロ犯も治療したチトウィン中佐は、ジン・モとカン・ミンチョルが相当な体力を持つ若者たちだったと回想した。中佐は長い間外科医として軍で勤務し、特に戦闘で負傷した兵士たちを大勢治療してきたが、この二人ほどの体力の持ち主にはこれまでに会ったことがなかったと述べ、この二人の負傷のレベルはかなり深刻であったと証言した。

ジン・モが病院に移送されてきたときには、手榴弾が自分の手の中で爆発したために左手首と右手の指四本が切断され、目も失明していた。腹部は小腸や膀胱《ぼうこう》などが破裂して飛び出し、左胸は内出血が酷かった。手術は二時間以上かかった。しかし聴力は正常で英語もある程度話せた。ジン・モは手術の翌日には常食を食べられるほど回復が早かった。初めて食事が出されたときに、英語でパンかご飯のどちらがよいか聞かれると「ブレッド」と答え、看護師や医師が彼を親切に治療すると、「サンキュー」と言っていた。

カン・ミンチョルも簡単な英会話ができた。軍医官が英語で「健康状態は良いか」と尋ねると「イエス」と答え、「食べ物は美味《おい》しいか」と聞けば、首を縦に振った。治療が終わり退院するときには、「サンキュー」とお礼を述べた。チトウィン中佐は、普通なら自分の身体の傍《そば》で手榴弾が爆発したら即死しているだろう、かなり健康な人間でも、あれほどの重傷を負えば、あの苦痛を伴う複雑な治療には堪えることができなかっただろうと感想を述べた。

カン・ミンチョルの負傷は、ジン・モよりは軽かった。あの当時、ビルマ政府上層部から医療陣に、生け捕りにしたジン・モとカン・ミンチョルの二人を必ず生かさなければならないという特別の指示があった。そのためチトウィン中佐を筆頭に眼科、内科を含め、あらゆる分野の医療陣が総動員されて治療に当たった。ジン・モは、すべてを諦めたように医療陣の手に自らを委ねた。しかし、治療に関連すること以外は、一言も話さなかった。

カン・ミンチョルはジン・モとは違う病院で治療を受けた。ジン・モが入院している第二陸軍病院とは離れているミンガラドン軍特殊病院に収容されたのである。これはテロの実態が公表されておらず、すべてが明らかにされていない状態であったので、証拠隠滅がなされたり、誰かが彼らを口封じのために殺害したりするかもしれないという危険を防止するための措置であった。

二人とも片腕を切断されたが、それはビルマ軍および警察との交戦中での相手方からの攻撃によるものではなく、自分たちが所持していた手榴弾で負傷したものであった。後述するように、この点は後日、カン・ミンチョルが犯行の全貌を自白するという心境の変化を起こす上で、一つの要因となった。ジン・モとカン・ミンチョルが健康を回復するや、ビルマ政府は外部からの干渉を完全に遮断して彼らを尋問にかけた。最初は二人ともまったく調査に応じず、沈黙で応対した。

韓国政府も疑いを向けられる

韓国は特使まで派遣して、何度もこの二人の捜査に関与させてくれと要請したが、ビルマ政府はこれを許可しなかった。通訳を提供するという申し出も拒絶した。韓国外務部は李源京《イウオンキヨン》特使とその随行員として朴泰熙《パクテヒ》書記官を派遣し、事後処理を指揮させた。李源京特使はまず、サンユ大統領や外相との会談を行った際に、今回の事件が北朝鮮の所業であるということを強調し、その背後にいる勢力に関する徹底した調査と迅速な発表、そして強力な対抗措置を要請した。

ビルマ側は韓国側の要請に対して、捜査は主権に関する問題だから、共同捜査の提案には応じられないという立場を固守した。それは韓国の外交関係者も予想していた反応であった。結果的に、重要な問題は両国の外交ルートを通じて協議し、捜査に関する技術的な問題は両国の関係機関の間で協力するという線で合意がなされた。

李源京特使は最初から共同捜査に固執せず、ビルマ側の捜査を忍耐強く見守ろうという方針であった。これは極めて賢明な判断であった。主権に関する問題に特別に敏感なビルマのような国が受容するわけがない共同捜査を、執拗に一方的に押し通そうとしても叶う話ではなく、まかり間違えば逆効果になってしまうこともあり得る。

他方、ビルマ当局も、外部の関与を排除して単独に捜査することで、事件の全貌を疑念の余地なく、客観性が担保されたまま調べられるという面があった。外部、特に韓国と共同で捜査が進行していたら、調査の進展は早かったかもしれないが、その結果に対する透明性や客観性の点で疑念を与えることもあり得たからである。李源京特使と朴泰熙書記官は、ビルマ当局の捜査過程を見守りながら、要請があったときだけ、彼らの捜査の助けになることにのみ関与した。

他方、ビルマ当局は、韓国側がテロ事件では被害者側であったとしても、韓国がこの事件に関係があるかもしれないという疑念を払うことはできなかった。すなわち、韓国側もビルマ当局の捜査線上にあったということである。宋永植参事官の印象では、捜査が始まった初期段階からビルマ当局は、韓国の反政府的な人物、または政府機関にまで疑いを抱いていたようである。事によると、当初ビルマ当局の捜査の方向は、自国と友好関係を結んでいる北朝鮮より、いろいろ国内状況が不安定な韓国に向いていたのかもしれない。

事件があった日に現地を発って、次の目的地に行くことになっていた李常九も、緊急を要する事態がある程度処理できたのでビルマを出発しようとしていたところ、ビルマ政府に出国を禁止されたことを知って驚いた。韓国側としてはまったく予想できなかったことであったが、ビルマ側は深刻に韓国側に嫌疑をかけていたということである。その後、韓国から事態への対処や捜査の協力のために使節が派遣され、ビルマ側と連絡が緊密になっても、李常九はビルマに留まっていなければならなかった。ラングーン事件が北朝鮮の所業であると明らかになった後で、ようやく李常九は帰国することができた。

ビルマ側の捜査の方向が、初期にはどちらに向いていたかを示すさらに重大な事例がある。ビルマ外務省は、国際的な慣例に反する異例な措置をとった。この事件に関する聴聞会を開き、異例にも韓国大使館の宋永植参事官を証人要請したのである。個人レベルの問題だけでなく、被害を蒙った韓国側に対する態度としては意外な措置であった。この種の要請は、即時に拒絶することもできた。場合によっては、感情的に対応し、抗議することもできた。しかし、韓国側は冷静に対応した。

宋永植参事官はもちろん、外交官の身分として聴聞会への出席を拒否することができたが、本国に許可をもらい出席を承諾して証人の資格で出頭し、証言を行い、質問に応じた。宋永植は自叙伝において、この聴聞会では「韓国を露骨に疑った」質問が多かったと書いている。

宋永植参事官だけでなく、当時ビルマにいた韓国の民間人たちも調査を受けた。ビルマ政府は、現地でダム工事の事業に携わっていた現代建設の職員を出国停止とし、氷工場を建設していた国際商事の従業員には仕事場とラングーン間の移動を禁止した。そしてこの商社の現地雇用者たちも調査対象となった。彼らをテロ犯たちと対面させ、テロ犯がこの会社の職員なのかどうかを確認するなど、最初から南北のどちらの立場にも立たず、事件の性格に関する一切の先入観も持たず、中立的で客観的な調査をしようと努力した痕跡が見られた。

反面、日本は早くから、テロが北朝鮮の所業だと断定していた。爆破事件があった翌日（一〇月一〇日）の深夜、ラングーン駐在日本大使館の参事官（大使代理）が、異例なことに崔秉孝書記官に面談を要請したが、この参事官は日本の外務省のビルマ専門家であった。彼は前日のテロが北朝鮮の所業であると断定した。日本は北朝鮮の動きに関して、それなりの情報を持っていたのである。

ビルマ政府による独自の調査が完了し、すべてのことが北朝鮮の仕業であったという事実が疑念の余地なく明らかになった後も、むしろ他のどの国よりも韓国国内において、その事件が全斗煥政権による自作劇だったという噂は消えることがなかった。

韓国外交官のカン・ミンチョルとの対面

一〇月二五日になって、ようやく韓国側とテロリストとの面談が許可された。それも厳重に制限された環境で一〇分程度の短い時間であった。もちろん韓国にだけ特別な配慮をしたと思われないように、他国の外交官も招請された。韓国大使館の宋永植参事官と本国から派遣された沈《シム》基哲《キチヨル》特別代表、安企部の成鎔旭《ソンヨンウク》局長と韓哲欽《ハンチヨルフム》課長が病院を訪問し、テロリストたちと話をする機会を得た。韓国の関係者以外に、ラングーン駐在外交団の代表たちも一緒だった。外交団長職のフィリピン大使と近隣諸国代表の資格でインドネシア大使、そして全斗煥大統領歴訪の次の対象国だったスリランカ大使である。このときにテロリストたちと会った韓国の捜査官たちは、彼らを見るなり北朝鮮人であることがすぐわかったという。

韓国の捜査官たちは、彼らに幾つかの質問をした。負傷して視力をなくしたジン・モは、一貫してあらゆる質問に黙り込んで答えなかった。カン・ミンチョルは、自分は二八歳で、韓国出身でソウル城北《ソンブク》初等学校を卒業し、ソウル大学に通っていたと主張した。続く質問に初等学校は出たが、中等学校と高等学校には通っていないと答えた。また永登浦《ヨンドウンポ》に住んでいて、母親はソウルにいると言った。

この陳述はすぐに虚偽であることがばれた。城北初等学校の卒業生にカン・ミンチョルという名はなく、ソウル大卒業生の中にはカン・ミンチョルという名前はあったものの、その人物は当時ソウルに住んでいた。「ビルマには、いつ、どのような経路で来たのか」という質問に対してカン・ミンチョルは、自分たちが来たのは一〇月七日で、最初は陸路で来た、と答えたが、それについて具体的に問いただすと言葉を詰まらせた。次には海路で来たと言い、さらにまた言葉を変えてヘリコプターで来たと主張した。

このときにはまだカン・ミンチョルは、酷い負傷にもかかわらず、はきはきした大声で挑戦的に答え、韓国の調査官が「いずれにせよ、まず生きていかなければならないだろう」というと、自分は死を恐れてはいないという言葉を付け加えたという。

北朝鮮の犯行を証明するために仕組んだスパイ作戦

事件直後から韓国政府は公式に、これは北朝鮮が犯したテロ行為であると主張した。ただし、証拠となるのはテロリストたちが使用した武器や爆発物などであるが、捜査の過程でビルマ当局は韓国の協力申し入れを拒否し、外国の関与を一切排除してしまった。そのため、捜査結果を待つしかなかった。ラングーン事件の手口は、韓国側が知っている北朝鮮テロリストたちの手法と似通っていて、従来、韓国で起こしてきたテロ事件と極めて類似しているように思われた。しかし、その心証だけでは韓国国内の世論を納得させるのは困難極まりなかった。

ところが、ビルマ当局の捜査は依然として明白な結果が出ず、韓国政府はジン・モとカン・ミンチョルの二人がこのまま沈黙を守れば、事件の真相が多くの推測と憶測のもと、永遠に埋もれてしまうのではないかと憂慮した。ビルマ側からの情報がなかなか出てこないため焦っていた韓国政府は、新たな手に出た。彼らとは別の北朝鮮工作員を生け捕りにし、ラングーン事件の手口について聞き出そうとしたのだ。情報機関はそのためにスパイ作戦を展開し、見事にスパイ二人を生け捕りにしたのであった。

その方法だが、すでに韓国で転向し安企部の管理下にあったスパイの一人に、北朝鮮に打電させたのである。内容は「まもなく住民登録の切替の時期が来る予定だ。これに対処するとともに身分証を偽造するために、一旦北朝鮮に帰還せねばならない」というものであった。北朝鮮の指揮部は、このエサにすぐに食いついた。約束した時間に北朝鮮の工作船が釜山の多大浦《タデポ》海岸に到着し、あらかじめ取り決めていたように二人の北側の工作員が海岸に上陸したので、待機していた南側の要員がただちに彼らを生け捕りにした。逮捕するのは打電した元北朝鮮工作員ではなく、韓国特殊部隊要員の役割であった。

このときに生け捕りにされた北朝鮮工作員チョン・チュンナムとイ・サンキュは、まるでアクションスリラー映画の一場面のようであったと当時の状況を話していた。逮捕に向かった韓国側の要員たちは武器の携帯も許可されていなかった。この二人を殺傷したり重傷を負わせたりせずに、生け捕りするためにとった措置だった。

この特殊部隊要員たちは砂場に塹壕《ざんごう》を掘って隠れて待っていた。罠《わな》にかかったのを知らず上陸した北朝鮮工作員たちは、何か間違いがあったことを悟り逃亡しようとしたが、もはや遅かった。ちょうどこの二人の足元の砂場から、塹壕を掘って隠れていた特殊部隊要員たちが飛び出してきて、二人に覆いかぶさった。二人は抵抗するどころか武器も取り出すことができないまま捕まってしまった。

その後、この二人は調査の過程で韓国側に転向し、続いて記者会見を開き、アウンサン廟でのテロ行為が北朝鮮の仕業であったと明らかにした。このときに捕まった北朝鮮工作員チョン・チュンナムとイ・サンキュは、元山《ウォンサン》にある黄土島《ファントド》の間諜《かんちょう》海上案内連絡所で指導員から、ラングーン事件後、北朝鮮工作員二人が捕まったとの話を聞いたと述べた。また彼らは、ビルマに派遣された工作員たちが任された任務を充分に遂行できず、負傷を負ってビルマ軍に生け捕りにされたことについて、指導員が「背信行為であり恥ずかしいことだ」と非難していたと話した。

カン・ミンチョルらテロリストたちの作業は稚拙で脱出計画も杜撰《ずさん》で、捕まったときの偽装陳述も未熟だったが、特に非難を受けたのは、カン・ミンチョルなどが「革命精神が脆弱で」自爆することができなかったという点であった。この証言内容が事実なら、北朝鮮の特殊工作指揮部は、どんな任務でも失敗したら、すべての失敗の責任を工作員に押し付けるということになる。その後、チョン・チュンナムとイ・サンキュは韓国に定着し、暮らしていると報じられた。

北朝鮮の失敗したときの対応策に疑念

一方で、北朝鮮は彼らテロリストが生きたまま捕まって尋問を受ける場合の対処方法については、何の対策も講じていなかった。尋問に対する彼らの答えは粗雑極まりなく、たちまち事実でないことがばれてしまった。北朝鮮の特殊工作当局が、計画段階からテロそのものにだけ重点を置き、その後の事態に対しては神経を遣っていなかったことがわかる。同じことは、工作員が使う武器についても言える。彼らが所持していた武器は全部、出どころが北朝鮮であることを示していたからである。

例を挙げると、彼らが使用した手榴弾は北朝鮮でだけ製造されている特殊なもので、手榴弾に刻まれている製造番号も、北朝鮮のどの工場でいつつくられたものか、明白に表示されていた。それだけでなく、ジン・モとカン・ミンチョルが使用した手榴弾の製造番号は同一のもので、この二人が同じ集団であるということを証明してくれた。彼らが所持していた拳銃もまた、その製造番号から北朝鮮がベルギーから輸入し使用していたブローニング二五口径だと、国際刑事警察機構によって簡単に確認できた。

あらゆる証拠が、テロ行為の根源をはっきりと知らせてくれていた。テロを企画した北朝鮮の指揮部は、自国の関与を否認しながらも、一方ではすべてのことが自分たちの仕業だという痕跡をあちこちで残していたのであった。

北朝鮮はテロ作戦だけに焦点を合わせていて、その後の工作員たちの身辺の安全や脱出方法、万一逮捕された場合の対応策や、彼らを救出することに対しては何の関心も払っていなかった。これは北朝鮮が実行したすべてのテロ作戦に共通している点である。

当初の脱出計画が遂行できなかった場合の代案、第二、第三の脱出方法や救出計画がまったく用意されていなかったのか、または杜撰であったとしても一応の脱出計画があったのに、それが上手く実行できなかったのか確認することはできない。しかし、少なくとも東建愛国号のラングーンへの再入港が不可能になったことがわかったときに、指揮部は新しい脱出計画を指示しなかったばかりか、この事実を工作員に知らせていなかったことは確実である。このように見れば、この作戦自体が無理な計画だったと見るのが正しいだろう。彼らは特殊な訓練を受けた優秀な工作員だったが、作戦遂行においては、現地の事情に合わせて臨機応変に行動する必要性が生じることも想定していなければならない。

彼らは体力や物理的なテロ遂行能力は優れていても、現地の事情にまったく無知だったため、予測しなかった状況が発生したときに、臨機応変に対処する能力が不足していた。そのことは、彼らの中に現地語で簡単な会話ができる者がいなかった事実を見てもわかる。だから、最初にリモコン装置を作動させる場所として選んだ自動車整備工場で工場主と出くわしたときに、簡単な言葉によって危機を免れる能力もなかった。もし工場主があの時点で彼らを怪しんで保安当局に通報でもしていたら、事件を起こす前にすべてが水泡に帰していたはずである。

それだけではない。計画通りラングーン川に快速艇がいないことがわかったときに、無理をして河口に向かって脱出を試みたりせず、現地で臨機応変に別の手段を練る能力も彼らは有していなかった。ひたすら最初の指示に従って脱出を強行しようとした。さらに、計画に手違いが生じた場合に、彼らが直接連絡して新たな指示を仰ぐための連絡係も設定されていなかった。

大事件の失敗に対する反省はどこにもない

事件が一段落した後、北朝鮮特殊部隊の指揮官たちの反応を見ると、何らかの反省をしたような形跡がない。北朝鮮の特殊工作に従事していた元工作員たちは、このような失敗は北朝鮮のテロ作戦における根本的な欠陥に原因があったと指摘している。北朝鮮のテロ作戦の教科書には「もし失敗した場合には」という文字はないのである。

失敗した場合の計画を出せば、上層部から「これは失敗する前提でつくった計画か」と叱責を受けることになる。結果、作戦が失敗した場合には工作員が自爆するという方法しか残されない。だからどんなテロ作戦にも、事態が計画通りに進展しなかった場合の代替措置、特に工作員の身の安全を確保するための計画がないというのである。

ラングーン事件の場合も、朝鮮労働党指導部で企画を立て、指示したのは北朝鮮の対外工作機関である三五号室であった。ところが、一番重要な目標であった全斗煥大統領の暗殺に失敗し、かえって外交的な逆風を受けている状況なのに、当局は三五号室には何の責任も負わせなかった。それどころか、すべての責任は実行部隊である軍と偵察局にあるという結論を下した。このため偵察局では不満が生まれ、三五号室と軍の間では軋轢《あつれき》もあったようである。

北朝鮮の指揮部の人物たちには、いくら特殊訓練を積んだ工作員であっても、彼らは政治目的を達成するための手段というだけでなく、一人の人間でもあるという理解が欠落していたのである。指揮部にとっては、ただ政治目的の追求、またはテロの目標だけが重要なのであった。カン・ミンチョルは後日、刑務所で一緒に服役していた服役者たちに、もし自分が北朝鮮に帰還していたら、北朝鮮当局は自分がテロの全貌を自白したことよりも、目標を達成できなかったことに対して許さなかっただろうと話している。

カン・ミンチョルが当初の考えを変えて、調査に協力しようと決心したのにはそれなりの理由があった。何よりもカン・ミンチョルは、生に対する執着があった。治療を受け、身体の不自由は残ったが、健康を取り戻す過程で、その生への意思を制約していた人為的な障害物を捨て去ったのであった。そしてその後、四半世紀にわたる長い服役生活においても希望を捨てず、自分の生を大事に守ろうと努力をしたのである。

第六章　祖国に捨てられたテロリストたち

生きようとする意欲と精神力

テロを行う者は、あらゆる人が公憤を向ける犯罪者である。テロリストは大概の場合、世相を嫌悪し、人々の命を軽く見て、自身の目的を達するためには破壊と人命の殺傷さえも躊躇《ちゆうちよ》しない。中には、正常な生活を送ることができず、自身の人生の失敗への私的な補償として破壊に走る人もいる。人生における困難な真実と向き合うのを恐れている卑《ひ》怯者《きようもの》もいる。また、隠密計画を立てる人々によって安易に操縦されてしまう、意志薄弱な人間もいる。そして、粗雑な浪漫主義者で、安っぽい英雄主義のとりこになる場合が大部分である。

どのような大義名分をもってしても、何の罪もない人々を無分別に殺傷するテロ行為を正当化することはできない。理由はともあれ、テロを実行したテロリストであれば、自身が犯した罪に対する対価を払うのは当然のことである。

しかし、誰に対してもまったく同じ一般的原則を適用することはできない。人間の問題に関する限り、例外があり得るからである。どんな場合にも適用できる原則などあり得ないし、そうした原則にだけ依拠してすべての人を判断してはいけない。

少なくともある一人のテロリストに関して、私は切ない感情を抱いている。これは単純な同情ではない。言うまでもなく、彼は凶悪な犯罪者である。しかし、彼が犯した犯罪に関しては、私は彼自身よりもむしろ、彼にそのような行動を起こさせ、結果として悲惨な運命に陥れた人たちに対して憤りを感じる。同様に、彼の苦痛を知りながらそれを無視し、知らぬ顔をしていた人たちを情けなく思う気持ちも抱いている。彼らはみんな、都合の悪いことには一切かかわるまいとして、遠いビルマの刑務所から聞こえてくる、静かな苦悩に満ちた叫びに対しては耳を塞いだのではなかろうか。

韓国は少なくともOECD加盟国の中では、最も自殺率が高い国である。老若男女を問わず、一般人や社会のリーダー、甚だしきは政治家のトップクラスまで、小さな挫折に突き当たると自ら命を絶って困難から抜け出そうとする。多くの国民がこの状況を嘆くが、改善は容易なことではなさそうである。

世界保健機関（WHO）の二〇一六年の統計によれば、人口一〇万人中で、韓国の自殺者は二六・九人（男子三八・四人、女子一五・四人）である。ロシアが一位で、韓国は世界二位となっている。OECD加盟国の中では韓国が第一位であった。日本は一八・五人（男子二六・〇人、女子一一・四人）で世界七位。その日本もG7の中ではトップであり、青少年の四人に一人が自殺を考えているというデータもある。

このような現実の中で、ある男性の生と死について、一度振り返ってみることにも意味があると思われる。カン・ミンチョルは、堪えがたい挫折と苦痛の中で、もしかしたら簡単に困難から抜け出す方法もあったのかもしれないが、そうした道を選ばなかった。

彼は忍耐強く闘病生活を送りながら、堪えがたい病魔と死に怯《おび》えながらも、あらゆる困難と苦痛に打ち勝って自分の人生を全うした。この意味でも、その苦痛と人生、そしてついに訪れた死は無駄ではなかったと私は考える。カン・ミンチョルは凶悪なテロリストとして指弾され、祖国と同胞の民族から背を向けられ、外国の刑務所で悲惨な生命を繋いだが、このような逆境の中でも彼が見せた粘り強い勇気と忍苦の精神は、私たちを粛然とさせる。それだけではない。カン・ミンチョルはその苦痛に満ちた生涯において、我々朝鮮民族に重要な証言を残した。彼はその身に降りかかった苦難と忍苦を通して、七五年を超えて続いている同族間の非情な権力闘争の愚かさと、非人間的な政治権力の争いの中で犠牲になった多くの生命のために証言を残したのである。

この男性は自分の生涯を通して、自身が信じていたすべてのことが崩れる状況において宗教に帰依し、それまで経験したことがない新しい人生を開拓し、それに精進した。彼の克己心と勇気、そして生命に対する誠実な態度は、今日の小さな失敗にも簡単に挫折し、生命を軽く見ている人々にとって考えさせられる材料になるだろう。

テロリストたちを見捨てた祖国

私はこれから、一人のテロリストに関する話を本格的に始めようとしている。彼はあれほど懐かしがっていた故郷から遠く離れた国、以前には考えもしなかった国であるビルマの刑務所で、負傷して不自由になった身で二五年間、一日二度の給食で命を繋いだ。

彼の一生を台無しにしたのは、私的な利害で動く何人かの軍人たちではなく、「理念」「正義」「民族」「自主」等々、大義名分を掲げた国家権力であった。カン・ミンチョルにとって、彼の失《な》くした青春と台無しにされた人生に対する補償を要求すべき対象はもちろん、存在しなかった。遅まきながら彼を自由の身にしてやろうという努力もなされたが、この動きも最初からあったものではなかった。

それだけでなく、この男性がビルマの刑務所で過ごした最後の一〇年間は、朝鮮半島でかつてないほどに南北間での対話と友情、そして交流と協力が活発になった時期であった。南北の最高指導者間では二度にわたって首脳会談が開かれた。二〇〇〇年六月には、金大中大統領と金正日国防委員長が会談し、二〇〇七年一〇月には、盧武鉉大統領と金正日総書記が会談を行った。両国の重要人物たちが親しく会話を交わしながら、相互の変わらぬ友情と協力を誓ったのである。そうした中で、南北間の交流を推進する団体が雨後の筍《たけのこ》のように生まれた。困難にある人を助けるという人道的な理想を持つ人々は、北朝鮮の同胞たちに食糧や肥料、薬品や医療器具など、あらゆる物品を贈ることに熱心であった。さまざまな企画と目的に合わせて、現金もたくさん贈った。北朝鮮は特にこれを歓迎し、機会があるたびに、さまざまな名目で金銭を要求した。

韓国の仏教やキリスト教といった宗教団体も、北朝鮮当局の統制下に置かれた形ではあったものの、北朝鮮の宗教団体と交流を始めた。食品や医薬品を生産する工場が北朝鮮に建設された。農業や情報技術を伝授する人々もいた。観光の道が開かれ、金剛山《グムカンサン》のみならず開城まで観光が可能になった。芸能やスポーツの行事も開かれ、皆が新しく開かれた機会と同胞間での緊密な交流に歓喜した。人数は制限され、また当局による厳しい統制があったとはいえ、南と北で暮らしていた離散家族の再会と故郷の訪問も行われた。これらすべての交流においては友愛のみならず、食糧と酒が振る舞われ、そして、お金がたっぷりと注がれた。これは朝鮮半島に住んでいる人々だけにとって喜ばしいことではなく、周辺諸国の人々にとっても、喜ぶべきことであった。

ある人たちにとっては、これらのすべてのことは真の対話と友好的な精神によって行われた交流であったが、南北双方の権力者たちは、少し違った考えを持っていた。包容と和解、あるいは別の名目で双方は接近し、交流が続いていたが、両体制間の対立と競争もまた別の名目で、そして別の形態で続いていた。南北双方の権力者たちは皆、このような交流が最終的には自分たちにとって有利に働くように、そして自分たちが望む方式で統一を達成できるようにとの思惑を抱いていたのである。

こうして友愛と協力が溢《あふ》れていた時期でさえも、ビルマの刑務所で不自由な身体となりながらも、いつかは自由の身になって故郷に帰ることができるかもしれないという一抹の希望を抱いて暮らす一人の男性に対しては誰一人、小さな関心さえも寄せなかった。

国家の命令には逆らえない

カン・ミンチョルを苦しめたのは、単に刑務所での困難な生活や故国への郷愁だけではなかった。彼は自身が凶悪な犯罪者であったことは知っていたが、その犯罪に対して、自分一人が責任を負わねばならないことを簡単には受け入れられなかった。自分自身の運命についても当然ながら、故郷に残されている家族への心配もまた彼を苦しめた。

彼が関わった事件について言えば、彼には最初から自ら判断し行動する能力などなかった。彼の運命は全面的に外的な要因によって決定されていた。彼が生まれ育った北朝鮮では、誰もが国家が提供すること以外には、いかなる情報も知ることができない。友人同士の会話から独りで考えることまで、国家が準備した指針から逸脱することは厳格に禁止されていた。

その社会においては、誰もが国家が準備したことだけを考え、国家が指図したように話し、行動しなければならなかった。自ら判断できるだけの充分な情報を受けて暮らす正常な社会でも、ひとたび国家機構の一員になると、自律的に正誤の判断を下して個人的に行動するのは簡単ではない。ましてや、個人的に判断を下す上で必須となるすべての情報が国家によって統制された社会で生まれ育った若者に、組織の指示に逆らって道徳的な判断を下すよう期待するのは無理な注文である。

かつて北朝鮮で暮らし、その後、脱北した人々の証言によると、政府当局の指針から少しでも逸脱した言動は、広範囲にわたって編成された水も漏らさぬ情報網により、すぐに保安機構に報告され、重い処罰が下されるという。

そして、その社会の事情はここで終わりではないのである。すべての住民がよく組織され、厳格な監視体制による絶え間ない密告の連鎖がつくられているだけではない。皆が精巧に編まれた宣伝と煽動、そして集団意識の一部分に自発的に参加することになっているのだ。見方によっては、北朝鮮の全住民は、権力を掌握している人たちが書いたシナリオに従って、そして政府の演出に従って、全社会的レベルでの演劇に出演している俳優にならなければならないということである。

住民のすべての生活が支配されているということは、いわば社会全体が一つの巨大な劇場であり、すべての人は政府に与えられた役割をこなさなければならないことを意味する。外部の人間が理解しなければならない最も重要な問題は、この社会に住む人たちにとっては、このような生活に慣れることこそが重要で、当局の指針に忠実に従い、心から信じてそのように考えることが「正常」だという点である。誰にとってもこのような環境であれば、早く適応し、自発的に参加することが生存のためには必要となる。

自ら考え行動するために必要な情報が根本的に遮断されている状況に生まれ育ち、成人した後も、生活のあらゆる面で国家が許容する範囲内でのみ思考し行動しなければならない状態では、その中で生まれ育った人間に個人的な責任を負わせることはできないのではないか。

特にカン・ミンチョルが所属していた組織は、上意下達の体制が厳しい軍にあって、その中でも特殊任務を遂行する特別な部隊であった。たとえ軍人と同じ特殊な職業に従事する人間でも、単に上層部の命令に服従しただけだといって道徳的な、または法的な責任から逃れることができないのは当然だ。しかしこれは、個人的な決定がある程度可能な状況において該当する話である。これが北朝鮮のように全面的なレベルで情報が厳格に統制され、外部世界との交流が徹底的に遮断されている場合にも適用されるべきなのかを考える必要がある。

また、このような状況は昨日今日のことではなく、少なくとも前世紀の中頃から今日まで持続してきたものである。すなわち、一定の決まった枠組みに従ってものを考え、そして行動することは、北朝鮮の人たちの生活を支配している、大きな意味での文化だと見なければならないのだ。カン・ミンチョルはもちろん、自分が犯した犯罪に対して、法的な責任を免れることはできない。しかし、私たちは彼に、個人としての道徳的な責任まで問うべきなのだろうか。

南北の間に民族愛と人道主義が溢れていた一〇年にわたるあの時期にも、カン・ミンチヨルの苦悩は奇妙なことに、何ら朝鮮民族の関心を引くことはなかった。いつの日か韓国人は、統一はもちろん、真に相互が和解するためには、国民一人ひとりの人生も道徳的には民族全体と同じ重さであるということを悟らねばならないと私は考えるのだ。

南北いずれにおいても、韓国人、または朝鮮人は、自分たちにとって負担になる厄介な存在はきれいに忘れ去り、南北が一緒になることができる機会にだけ熱中したのであった。

消された人間

神様はアベルを殺したカインに、「お前の弟アベルは、どこにいるのか」と尋ねると、カインは「知りません。私は弟の番人でしょうか」と答えました――旧約聖書「創世記」のこの問いが今日我々に投げかけられています。「貴方の息子、貴方の弟子、貴方の若者、貴方の国民の一人の朴鍾哲《パクジョンチョル》はどこにいるのか」。「机を叩いたら、倒れていました。私は知りません」「捜査官たちの意欲が少し過剰であったようです」「国家のために仕事をやっていると、行き過ぎもあり、犠牲になることもあります」「それは拷問した警察官二人がやったことなので、私は知りません」としらを切っていました。これがカインの答えです。

金寿煥《キムスフアン》枢機卿（故・朴鍾哲追悼ミサより）

右のカインの話は、旧約聖書の創世記第四章九節に記された、人類最初の殺人者となるカインが弟アベルを殺し、アベルの居場所を聞く神様に対して自分は知らないと嘘《うそ》をつく聖句からの引用である。

一九八七年、当時ソウル大学言語学科の学生であった朴鍾哲が民主化運動に参加し、活動中に治安本部に連行され、激しい拷問を受けて死亡するという事件が発生した。警察は拷問の事実を隠蔽したが、やがてその事実が明るみに出た。この事件をきっかけに、韓国で政府批判が起こり、民主化運動が盛り上がった。朴鍾哲を追悼するミサがソウルの明《ミヨン》洞《ドン》カトリック教会で行われ、およそ二〇〇〇人の信者が追悼ミサに参加した。

金寿煥枢機卿は韓国カトリック教会のソウル大司教区長であり、韓国人最初の枢機卿である。生涯にわたって貧しい人々や弱者のために奉仕する生き方が評価され、韓国民に最も尊敬される人物の一人であった。軍事独裁政権下では人権および民主主義の擁護者として、象徴的な存在であった。朴鍾哲追悼ミサでのメッセージは大きな反響を呼んだ。

一九六八年の北朝鮮特殊部隊による青瓦台襲撃未遂事件の後、韓国は死んだ北朝鮮ゲリラたちの遺骸を北朝鮮へ送り返そうとしたことがあった。遺骸を南北国境の板門店《パンムンジョム》に運び北朝鮮へ引き渡そうとしたが、北朝鮮は、自分たちはまったく知らないことで、もちろんそのような者たちを南に送ったこともないと、最後まで引き受けることを拒否した。そのため二九体の遺骸は、葬儀の手続きはもちろん、何の哀悼の儀式もされないまま汶山《ムンサン》付近の国道沿いに埋められた。北朝鮮の家族たちは国内で彼らを見送った後、その生死に関する知らせもまともに聞かされていないだろう。一日千秋の思いで待っていた家族や親しい友人たちが、彼らが埋められている墓地を訪ねられる日は来るだろうか。私たちの民族は、いつまでこんなことを繰り返さねばならないのか、考えさせられる。

すでに述べたように、ビルマの刑務所で服役していた一人の男性は、韓国人の関心の埒《らち》外《がい》に消え去ってしまった。彼を死地に送り込んだ北朝鮮はもちろん、韓国も事件後、政治的な諸問題が整理されると、彼に関することはきれいに忘れ去った。どのような事件であれ政治的に判断するだけで、個人としての人間の問題には無関心、というのが韓国社会の典型的な姿勢である。記録で探すことができる限り、南北を含め誰一人、捕らえられた北朝鮮の二人の工作員に対し、人間的な同情を寄せた形跡は見つからなかった。

そんな中、彼らの裁判の過程を見守っていたある日本人外交官が、同じ人間としての感情を吐露した。彼らテロリストが犯した途轍もない罪には衝撃を受けたが、他方では同じ若者として、彼らが気の毒で哀れだと言ったのである。特に、腕を切断して失明までしたジン・モが、結局死刑台で命を終えたことに対し、同情を禁じ得ないという言葉を残した。ジン・モが犯した罪は憎くとも、人間的には彼もまた北朝鮮という特殊な体制と、南北の対峙という独特な状況の「被害者」であると考えた、と日本人外交官は感想を述べている。

時おり、カン・ミンチョルを韓国に呼び寄せるべきだという主張が韓国内の一部から出たことがあった。しかし、このような主張は同胞としてカン・ミンチョルに配慮したからではなく、政治的な事件に対する証人として利用しようとしたに過ぎなかった。すでに長い時間が流れていたため、カン・ミンチョルはもはや情報価値がないと判断されたようで、そのような主張もやがて消えていった。

また、カン・ミンチョルの存在は交流と協力が活発になった南北関係にとって疫病神になるというのも重要な理由であった。つまり南北間が和解と協力を活発に推進しているときに、カン・ミンチョルが釈放されて韓国に来た場合、民族の「重大な課題の遂行」にとって支障となるかもしれないというのである。また北朝鮮当局がこれを契機に、ラングーン事件は韓国政府の自作劇だったという主張を再び始める懸念もあった。韓国の言論界も、外国人難民や移民などの人権問題には多くの人道主義的関心を寄せていながら、同族であるカン・ミンチョルに対しては政治的配慮を優先させ、知らぬふりを貫いたのである。

国家命令に服従し犠牲になった若者

私にはカン・ミンチョルを美化したり、英雄視したりするような考えはまったくない。カン・ミンチョルは罪のない人を殺害したテロリストに過ぎない。彼は、ラングーン事件の前にも、中国、日本、香港《ホンコン》、台湾などで、北朝鮮のテロ計画に必要な女性たちを拉致して北朝鮮に連れていくなど、不法活動をしていたと告白した。当時、彼はそれが朝鮮民族の統一と社会主義革命のためにやむを得ないことだと信じていたのだ。しかし、彼は刑務所に服役中にキリスト教に入信し、自分が犯した罪を悟り、贖罪《しょくざい》している。

これらの事件への関与はすべて彼の私的な動機ではなく、国家からの指示によって行ったことである。彼は、いかなる手段をとっても南北を統一せねばならないという大義名分を盾にした、愚かな権力闘争の手段として利用された犠牲者なのである。

カン・ミンチョルは、全斗煥大統領の暗殺が失敗に終わった直後も、歓迎されないであろうことなどいざ知らず、祖国に戻ろうとした。そのために、ありもしない快速艇を目指して必死の思いで脱出を試みた。何とか快速艇にたどり着けば、待機しているはずの東建愛国号に乗って帰れるのだと本気で考えて行動したのである。最後には、ビルマの現地住民に発見され、軍隊と警察官に囲まれる中で、自らの手榴弾の爆発によって重傷を負った状態で軍に生け捕りにされた。

既述のようにカン・ミンチョルは、ビルマの医療陣が総動員される中で、手厚い治療を受け、短期間で健康を回復し、二五年という長い歳月を刑務所で過ごした。その間、ビルマ政府の特別法廷で裁判が開かれ、彼の死刑が確定した。

カン・ミンチョルは、刑務所生活を送りながら、服役中のビルマ人たちと交流を始め、自分が知らなかった世界を知ることができた。治療中の病院での医師や看護師、職員などの親切な対応にも感謝の気持ちを抱くようになった。特に、刑務所で出会ったキリスト教信者から教理を知り、キリスト教に入信することで、彼の人生観に転機が訪れた。それからは自らが犯した過ちに目覚め、深く悔い改めるようになった。生きようという心境の変化から、すべてを自白することになったのであった。

彼自身が犯した行為に対し、何の責任もないと言うことはできなくとも、たった独りの身で責任をとり、救済も赦免の可能性もない処罰を受けなければならなかったというのは、本当に正しいことだったのだろうか。疑問に思うばかりである。

事件処理におけるビルマの厳格な態度

ビルマ政府は、テロ事件を大変重く受け止めた。そして事件後の三日間、一〇月一〇日から一二日まで、ビルマ国旗の半旗を掲揚して国家としての弔意を表した。

事件発生の直後、ビルマ政府はミングァン内務宗教相を委員長に据え、政府の主要メンバーが委員に名を連ねる調査委員会を発足させた。陸軍参謀次長、外務省企画室長、国防省政府局長、そして警察局長が参加した。それ以外に、専門分野別調査活動のための五つの分科委員会も結成された。一一月四日、ビルマ政府はその間約一か月の調査結果を発表し、北朝鮮政府が不法にテロ行為を働いたことを公式に発表した。

ビルマ政府は公式発表に先立ち、韓国側に調査結果とそれに伴う措置などを伝達した。公式発表前日、北朝鮮大使館の煙突からは黒い煙が上がったそうである。韓国大使館は、強制退去に備えた文書の焼却であると推察した。

ビルマは同時に、北朝鮮への国家承認を取り消すとともに、すべての外交関係を断絶した。ビルマ政府によるこうした一連の措置は、韓国の外務部関係者も驚くほどに断固として厳格なものであった。国交の断絶だけでなく、北朝鮮の国家承認自体を取り消すというのは、国家間での宣戦布告の直前のようなもので、前例のない措置であった。

ビルマ外交部の内部においても、このような措置は国際法上の問題があるという意見があったが、最高指導者であるネウィン議長は、その意見は容認できないとして退けた。

ラングーン事件の六年前に北朝鮮を訪問し、金日成と個人的に親密な関係を結び、北朝鮮に対して友好的な感情を抱いていたネウィンは、この事件を個人的なレベルでも背信行為であると捉えていた。「北朝鮮は大勢の人が見ている前で私の頬を叩いた」と怒りをあらわにしたのである。そして、韓国に公式の謝罪使節団を派遣した。金相浹国務総理は、この使節団への宴会を催した後、国務総理職を辞職した。事件に直接責任を負わなければならない立場の人間たちが、依然としてその座に居座っていたにもかかわらず、特に関わりのなかった国務総理が責任をとって退いたのである。

ラングーン事件の事後処理の過程で、韓国側とビルマ政府関係者との間にはお互いに評価し合う関係が生まれた。ビルマを後進国と見ていた韓国側関係者は、ビルマが事件の調査や外交の面で大変機敏さに富み、徹底した措置をとったことに深い感銘を受けた。特に、自国の主権と尊厳の保持に対して高い自負心を持っていることを高く評価した。調査の過程も徹底しており、大変親密な関係を維持してきた友邦国である北朝鮮に対しても、自国の主権と地位を毀損した場合には断固とした措置をとる姿勢を見て、韓国側は驚いた。

数度にわたる裁判においても、外部から持たれていたイメージとは異なって、ビルマ側は証拠や法適用に対して慎重な姿勢を示した。この過程では、弁護人たちも被告人たちの立場をよく代弁し、人権にまず配慮する姿勢を見せていた。このテロ事件は、国内の政治的な事件とは違い、国際的に注目されている特別な事例であったことを考慮しなければならないが、事後処理に関係していた人たちは皆、ビルマの措置が予想以上に周到綿密で厳正であったと評価している。

ビルマ側も、韓国がこのような非常事態に直面しても冷静な姿勢を維持し、特に捜査においで機敏なことに驚いた。たとえば、カン・ミンチョルの偽装された証言に対し、韓国は素早くそれが事実でないという証拠を提示した。そして韓国は、犯人たちから差し押さえた武器などの出どころが北朝鮮であることも、迅速に証明した。ビルマ側は、韓国が困難な状況下でもビルマの立場を理解し、自尊心を尊重してくれたことが、事件を処理する上で大きな助けとなったと謝意を伝えた。

ラングーン事件で北朝鮮は孤立を招く

ビルマの北朝鮮に対する外交関係断絶は、他の国にも影響を及ぼした。コスタリカ、コモロ、西サモアの三か国は北朝鮮との外交関係を断絶した。米国では上院が北朝鮮非難決議を採択する。英国政府も北朝鮮のテロ行為を非難し、ビルマ政府の対北朝鮮措置を支持するという声明を発表した。また、フランス、オーストラリア、サウジアラビア、シンガポールなど、米英を含めた六九か国が北朝鮮を糾弾する声明を発表した。中国外務省は、ビルマ政府の調査結果が出た日に、論評せずに事実だけを報道した。しかし国連では中国代表は「あらゆる形態のテロ行為に反対する」と発言し、間接的ではあるものの国際社会と歩調を合わせた。それでも、北朝鮮の代表である韓時海《ハンシヘ》は、国連においても自分の国は関与していないという主張を繰り返した。

北朝鮮の当局者たちは、自分たちの行動に対する国際社会の反発がここまで大きくなるとは予想もしなかったことだろう。それほどまでに、北朝鮮指導部の思考は朝鮮半島内部に限定されていて、国際感覚が不足していたのである。あるいは、まったく何の証拠も残さずに大事件を起こし、成功させることができると考えていたのかもしれない。

さもなければ、たとえすべてのことが無事になされなくとも、国際社会の非難は時間が経てば消えるだろうし、最も重要なことは国際社会での評判や地位ではなく、朝鮮半島の中で相手を蹴落とすことだという考えだったのかもしれない。ともかくこれらの出来事に対する北朝鮮指導者たちの考え方を見れば、国際社会の一般的な通念とは大きな隔たりがあったことが確認できる。

北朝鮮の外交担当者たちも、あの事件がどれほど深刻なものであったか、まともに認識できていなかったようである。平壌の北朝鮮外務省は、現地ラングーン駐在の北朝鮮大使館に、何としてでもビルマの断交措置は阻止するようにとの訓令を送った。現地の北朝鮮外交官たちはこの訓令に従い、各自で私的に費用を出し合って贈り物を用意して、平素から付き合いのあった人物たちを訪ねてまわり、それなりに苦しい言い訳をした。ビルマ当局や現地外交官たちの間では、北朝鮮外交官たちのこのような努力は顰蹙《ひんしゅく》の対象になったというより、もはや喜劇に見えたという。結局、南北の両政府が競争して非同盟中立国との外交に取り組んでいた状況下で、北朝鮮はこのテロ行為でむしろ自爆したに等しい。

テロリストたちの裁判——死刑の判決が下される

一九八三年一一月二二日、最初の裁判が開かれた。通常は四審制であるが、この場合は国家的な重大事案という判断で、ビルマ政府は一、二審を省略し、普段は三審を担当するラングーン管区人民評議会、ラングーン管区司法局特別法廷（現在のミンガラドン司法裁判所）で一審を行う形で、特別裁判を開催した。特別裁判では一審判決に不服の場合、宣告後七日以内に、最高裁判所に相当する人民司法会議に上告することができる。この最高裁判所では法律的な適否だけを審査する。裁判は同年一一月二二日から一二月九日まで一〇回にわたって行われた。

被告人のために、ラングーン弁護士協会から二人の弁護士が国選弁護人として選任された。事件の重要性に鑑み、裁判自体は早く進行し、早期に結論が出た。一審ではビルマ陸軍のマウンマウンエ中佐が裁判長を担当し、二人の被告人、ジン・モ少佐とカン・ミンチョル大尉は、ビルマ刑法第三〇二条三四項のもとに起訴され、刑事訴訟法の二五五（1）項のもとで罪状認否を問われた。

裁判では、ビルマ警察特別捜査本部長のウティンラインによる事件経過の説明に続き、認定や審問などがあり、その次の裁判から、事実確認の手続きが進行した。裁判は八回に分けられ、細部の証拠に至るまでを確認しながら進行した。

九回目の裁判で裁判長が、嫌疑がかかっている諸事項に関して、「カン・ミンチョル、お前は有罪を認定するか」と聞くたびに、カン・ミンチョルは首を縦に振ってうなずいた。しかし、ジン・モは有罪か、名前は何か、どこから来たかなどの一連の質問にも、終始沈黙を守った。最後に裁判長が「何か言いたいことはないか」と聞いたときにもただ沈黙した。ジン・モは逮捕されたときに、負傷の程度が深刻だった上に、特に失明して視力を失っており、これ以上生きようという意思を失くしていたように見えた。

ラングーン事件の判決公判は、一二月九日午前一〇時、ラングーン地裁特別法廷で開かれた。マウンマウンエ裁判長は、朝鮮民主主義人民共和国軍工作員、ジン・モ少佐とカン・ミンチョル大尉の二被告に対して、「カン・ミンチョル大尉の自白並びにそれを補う証拠から、二人の有罪は明らかである」として、いずれも死刑の判決を言い渡した。証拠として挙げたのは以下の如《ごと》くである。

一、被告人たちはカン・チャンス少将の指示により、韓国大統領一行をアウンサン廟で暗殺する目的で、九月九日、東建愛国号に乗船し北朝鮮を出港、同二二日、ラングーン港に上陸した。

一、ラングーン到着後、三人は北朝鮮のチョン・チャンフィ参事官邸にかくまわれ、事件直前の一〇月六、七、八日は別の場所にて野宿した。

一、一〇月七日、アウンサン廟屋根裏にリモコン爆弾を設置、同九日、ウィザヤ映画館付近でジン・モ少佐がスイッチを押し、爆破させた。

一、爆破直前に、被告らが立ち寄った自動車整備工場主の目撃証言がある。

一、三人はラングーン川に逃げ、ニャウンタンおよびタクーピンで逮捕あるいは射殺された。

一、二被告の所持品の中に現場に残された爆弾と同様の物品があり、リモコン爆弾を作動させることができる装置もあった。

一、三人の手榴弾は同一物で、ジェーン年鑑（Jane's Yearbook：世界各国の兵器情報を掲載したシリーズの年鑑）に記載された北朝鮮製のものと一致していた。

以上の証拠により、二被告がアウンサン廟を爆破したことは明白であり、両被告に刑法三〇二条（殺人）により死刑を宣告するという主旨であった。

終身刑に減刑されたカン・ミンチョル

裁判は予想以上のスピードで進行しただけでなく、外交官や報道関係者に公開された。傍聴席には、フィリピン、ネパール両国の大使をはじめ日本、韓国など八か国の外交官、ビルマ人報道関係者ら三十数人が詰めかけた。判決文は、ビルマの新聞、テレビ、ラジオなどのマスコミで大きく報道され、裁判が公正公平に行われたことを国内外に示した。

北朝鮮外務省はビルマ政府の断交措置に対して、「我々はテロとは無縁」との声明を発表し、さらに政府系の報道を通して「事件は全斗煥政権による自作自演劇」と反論した。同時に、米韓両国の圧力がビルマの司法制度を政治的にねじ曲げていると非難した。

カン・ミンチョルの弁護人は、被告が自白し、正直に彼の罪を認めたことでビルマ政府が事件の全貌を把握でき、全世界に対して事件の背景と責任の所在を明らかにすることができたことに言及し、ビルマ憲法に従って、彼に情報提供者としての特権があることを考慮して、寛大な措置を願うと述べた。しかし、この申し出は受け入れられなかった。

二人とも、この結果を不服として、ビルマの最高裁判所にあたる人民司法会議に控訴した。しかしビルマ最高裁法廷は、二人の上告を棄却し死刑を確定した。二月二四日、二人の国選弁護人たちが人民検察会議に再審を請求したが、二か月後、再び却下された。五月二日、最終的な法手続きにおいて、サンユ大統領が議長であるビルマ国家評議会に、当人たちの救命を請願した。翌年三月、ジン・モに対しては嘆願が棄却され、カン・ミンチョルは刑の執行が保留された。それによって、カン・ミンチョルは事実上、終身刑となったのである。

この裁判の過程においてももちろんのこと、事件の真の被告人たちは法廷にいなかった。この若者たちをして、不自由な身体で異国の法廷での裁判に至らせた責任を、直接・間接的に負わねばならない人間は誰なのか、私たちは考えてみなければなるまい。

ジン・モはその後、死刑に処された。仏教国家であるビルマで死刑が執行されたのは、極めて稀なことであった。ビルマには法的には死刑制度が存在するが、実際に死刑が執行されることはほとんどなかった。例外として数回だけ、死刑が執行されたケースがある。アウンサン将軍を殺害した暗殺犯たちが一九四八年に処刑されたケースがその一つである。また、一九七七年にネウィン将軍を排斥しようとした軍事クーデターの陰謀が発覚し、その首謀者の死刑が執行されている。その後では、ジン・モに対する死刑執行がビルマ建国以来三度目のことであった。それほどまでに、ビルマ当局は北朝鮮によるテロ行為が重大な主権侵害にあたり、国際的な信頼を損なう仕打ちであると世界に示したのである。

カン・ミンチョルは調査の過程で協力した恩恵を受け、刑執行の保留が決定して延命された。彼は一年間、軍が運営する特別刑務所に収監された後、インセイン刑務所に移送された。

しかしジン・モは、いや、本名キム・ジンスは、自分の名前も失ったまま偽名で、生前には何の縁もなかった異国の地で、孤独な霊魂として寂しく消えていった。彼はありもしない船を目指し、ラングーン川に沿って泳いで脱出しようとして警察官に見つかり、包囲を逃れようとして自分が抜いた手榴弾の爆発によって重傷を負い、失明までした。辛い治療にも黙々と堪え、ビルマ当局の尋問には最後まで口を開かぬまま死を受け入れたのだった。

死の直前に残した言葉があったのか、家族に伝えた言葉の一言や、あるいは遺品の一つでもあったのか、遺骸はどのように処理されたのか、その手がかりは何一つ残っていない。

彼の魂はまだビルマのどこかで、ありもしない母船の東建愛国号を探してラングーン川に沿って彷徨《さまよ》っているのではないか。さもなければ山や海を越えて故郷を訪ねているのか、あるいは自分を受け入れてくれそうな国なり人々なりを探して、世界中をさすらってでもいるのだろうか。私たちには知る由もない。

第七章　テロリスト、カン・ミンチョルの生と死

カン・ミンチョル、またはカン・ヨンチョル

公式記録には、カン・ミンチョルは一九五五年四月一八日生まれとある。しかし、一九八八年の韓国外交官との面会では一九五七年七月二九日生まれであると言っていた。彼は江原道《カンウオンド》北方にある通川《トンチヨン》郡で生を享《う》けた。通川郡は東海岸沿いにあり、交通の要地で、景観が美しいことでも有名な地方である。道路でも鉄道でも、他の地域に容易にアクセスできる。名勝と呼ぶにふさわしい景勝地も多い。そして東海岸に続く通川平野があり、海産物と穀物が豊富である。現代グループ創業者の鄭周永のような著名人を多く輩出している土地でもある。

カン・ミンチョルの本名はカン・ヨンチョルであった。北朝鮮では特殊任務を遂行する要員だけでなく、公職につく者の大部分が偽名を使っている。彼は現地訓練のためにたびたび韓国国内に潜入していたが、ひょっとするとカン・ミンチョルという偽名は、彼がソウルに滞在していたときに、当時ソウル大学に在学していた実在のカン・ミンチョルから名前を借りたのかもしれない。テロリストたちのリーダー格だったキム・ジンスも「ジン・モ」と呼ばれており、そのために彼は公式記録にジン・モという名前で残されている。

キム・ジンスはビルマで取り調べを受けているときにも、自分の本名を明かさなかった。すでに述べてきたように、カン・ミンチョルは、北朝鮮の人民武力部偵察局に所属する特殊部隊の上官の命令を受け、一九八三年一〇月、ビルマで任務を遂行するさなかに、重傷を負った。逮捕され裁判を受け、死刑判決が下された。その後、事件の真相について証言したことで死刑は免ぜられたものの、終身刑に処された。

彼が服役していたインセイン刑務所は、ビルマの首都ラングーン郊外のインセインにあり、大部分の服役者たちが二〇年以内に死亡するという場所である。ビルマ当局は重罪人であるカン・ミンチョルを、民間人が収容されているインセイン刑務所にはすぐに送らず、軍が運営する特別刑務所に一年間閉じ込めた。民間の刑務所は警備体制が緩いので、万が一にも彼の身辺に異常が起こる恐れを考えてのことであったのかもしれない。インセイン刑務所でカン・ミンチョルは、ビルマ軍の脱走兵出身で刑務所では使役兵として働いていた服役者たちから、ビルマ語を習った。それから一五年後、ビルマ駐在韓国外交官と面会したときには、彼はビルマ語で会話ができた。

カン・ミンチョルは二五年間ビルマの刑務所で服役し、二〇〇八年五月一八日、肝臓がんで死亡したとされている。この点については現在もなお疑問が残っている。ビルマ軍・

警察に逮捕された当時、彼は身体中を負傷した状態であった。左腕は手首から先が切断されていて、顔、右肩、腹部、陰部、両方の足や太ももなど、身体のどの部分にもまともな箇所がなかった。

あるとき、面会に行った韓国外交官に、彼は上着を脱いで身体を見せたことがある。身体中が傷と手術の痕跡だらけで、あたかも道路網が表示された地図を見ているかのようであった。彼は、自分の身体には取り除けなかった破片がまだ残っていて、その破片が体中を動き回っていると話していたらしい。しかし、ビルマの医療スタッフの懸命な治療と親切な看護などにより負傷はほぼ完治し、服役中の健康状態は良好であったようである。

カン・ミンチョルは故郷に家族がいた。四人家族で仲がとても良かった。特に彼は唯一の息子だったから、一家の柱のような存在であった。器量が良く、勉強も運動も良くできて、軍隊に行ってからも特別待遇を受ける特殊部隊の将校だったため、家族の関心と期待を独り占めにしていた。父親はカン・ソクチュン、母親はキム・オクソンで、嫁に行っていない妹が一人いた。ビルマに発つ当時は、父親はすでに他界し、母親だけ残っていた。

軍に入隊した後は、彼が遂行する任務は特殊であったから、その分、家族団欒《だんらん》のときを持つ余裕があまりなかった。ビルマに派遣される直前に、彼は特別休暇をもらって実家に帰り、そこで久しぶりに家族と数日間を過ごすことができた。家族と会うのはそれが最後となった。

近所の友人や知り合いとは、会うこともできなかった。家族にも自分がどこにいるのか、何をしているのか、などの話は一切できなかった。彼の母親は見分けることも難しいほど変わった息子の容姿を見て、「お前はこんなに立派になったのだねぇ」と誇らしげだった。カン・ミンチョルは極めて重要な仕事をしていたが、どんな仕事であるかは言えなかった。彼は楽で楽しい仕事をしているという印象を与えようとした。しかし、母親は、彼が危険で困難な仕事をしていることを直感しており、ときどき心配そうに涙ぐみ、彼を見つめていた。別れを告げる瞬間には、母親は「お前がどこに行っても、どんな仕事をしていても、私がお前のために祈っていることを忘れないように」と言った。

テロリストとして育てられた若者

北朝鮮のすべての若者たちと同じように、カン・ミンチョルも初等学校の四年と中等学校六年の課程を卒業し、軍に召集され、訓練所で軍隊生活を始めた。学生時代、彼はスポーツが好きで、勉強やその他の面でも優秀な学生であった。品格があって人柄も良く、性格も男らしくて村中の人気者であり、将来を嘱望されていた。彼は早くから、北朝鮮社会では高い評価を受ける立派な職業軍人として出世するという抱負を持っていた。

軍への入隊後もすべての面で優秀な成績を上げ、将校に任命された。それも特殊任務を遂行するための要員を養成する特殊軍事学校へと進学する将校であった。特殊軍事学校の教科の中には、後日、韓国で活動する準備として韓国の生活方式に慣れるための課程もあった。そこでは越北（韓国から北朝鮮に渡ること）してきた人たちから、韓国の人たちの発音の仕方や品物の買い方、食堂での料理の注文の仕方などを習って覚えた。

その学校の訓練生たちには、教師が選択した韓国の映画やテレビ番組を見る特権が与えられていた。彼らはみんな将校で、戦闘や武術、射撃などに優れた能力を持っていた。校内には韓国の町並みをそのまま移したような生活空間もあり、訓練生はそこで韓国式の生活を覚えた。

彼らは全国各地から選抜されたエリートで、肉体的または精神的な面以外に、家族関係なども考慮され、厳格な審査を経なければならなかった。彼らは皆が偽名で呼ばれ、原則的にお互いの実名は知らないようになっていた。お互いの顔をまともに見ることもない。席をともにしなければならないときには、マスクで顔を隠した。

カン・ミンチョルは特殊軍事学校も優秀な成績で卒業し、卒業と同時にすぐに大尉となった。彼の軍籍番号は九九七〇番であった。特殊部隊員たちにとっては、韓国に潜入し与えられた指令を遂行して戻ってくることは、特に難しい任務ではなかった。彼らは韓国のどんな食堂のどの料理が美味しいかを話題にできるほど、韓国に頻繁に出入りした。

カン・ミンチョルはインセイン刑務所にいたときに、服役者たちに自分が韓国で実行した幾つかのテロ活動について話したことがあった。大部分は騒動を起こしただけで、工作目標はどれも達成できなかったと告白したという。

特殊部隊の同僚たちと同じように、カン・ミンチョルもまた多くの特権を享受していた。まず、給与が普通の水準よりもはるかに高かった。特殊部隊の大尉は、学校の校長や党本部の局長の二倍か、それ以上の給料をもらっていた。それは政府の次官級の給与にあたる金額であった。また、外出時には大佐の身分証を持って出かけた。公式の給与以外に、北朝鮮では一般人が入手困難な贅沢品《ぜいたくひん》も特別に支給された。しかし、このような特権の裏側では、通常では不可能な特殊任務を遂行するための殺人的な訓練が待ち受けていた。

肉体的な面だけでなく、精神的な面でも鉄人のように鍛錬したその成果は、実戦で証明された。北朝鮮軍は恐らく世界の特殊部隊の中でも、最も強い戦士たちを育て上げている。

例を挙げると、一九六八年に青瓦台の襲撃を計画した北朝鮮の一二四部隊員たちは、真冬の凍りついた山岳地帯で韓国の防御線を突破するという戦術能力を見せつけている。

韓国軍保安機関は、冬の山岳地帯での重武装した兵力の行軍速度を最高四キロと予想して防御線を設置していた。しかし後日報道されたように、このときに潜入した一二四部隊員たちは、膝まで埋まる雪道の中を重武装したまま平均時速一〇キロで走破した。彼らの行軍教本を見ると、速さによって駆け足、半駆け足、速歩、徒歩などに分けられているが、雪道でなかったら、速歩の場合には時速一二キロで移動できたという。

一九九六年に韓国東海岸の江陵《カンヌン》で座礁した北朝鮮潜水艦には二六人が乗船していた。その中に特殊工作員三人が含まれていた。座礁を察知した艦長は、その工作員三人は自力で脱出できると判断して、先に上陸させた。そして座礁を確認し、潜水艦を捨てて一斉に上陸したのだ。この光景を見たタクシー運転手の通報で、韓国軍が出動し、銃撃戦となり、一人を生け捕りにし、一三人を射殺したのに加え、他に一一人の自殺者が発見された。したがって、少なくとも二六人のうち一人は、軍事境界線から隙間なく張り巡らされている捜査網を逃れて、非武装地帯にある鉄壁のごとくの防御線を突破し、北朝鮮に帰還したと見られる。想像するのも難しい、並外れた能力であると言わざるを得ない。

殺人的な特殊部隊での訓練

特殊軍事学校の新入生の中には、一か月ほどの基礎訓練課程で脱落し、退学させられる者もいるという。基礎訓練課程には野外での生存技術、二五〇キロに達する強行軍訓練、山岳での夜間活動などがある。最初、彼らは三五キロの砂の入った背嚢《はいのう》を背負い、一〇キロの速歩強行軍を実行する。その後、距離がだんだんと二〇キロ、四〇キロ、そして五〇キロに延ばされての強行軍訓練になっていく。夕方に一人でキャンプを離れ、一定距離の山岳を速歩で踏破し、一二時間以内に基地に帰還する訓練もある。

帰還後には行軍途中に見たものに関する質問を受けるが、これは行軍中の観察能力を試験し、同時に行軍経路を忠実に守ったかどうかを確認する意味合いもある。彼らの訓練の量と過酷さは、普通一般の人民軍の四倍、ないし五倍に達すると言われている。

地形学と言われる訓練も受ける。これはテロ活動に関する地理と地形を熟知するというもので、一度地図を見て覚えた道を記憶し、地図なしで目標地を探していく訓練である。登山家が使用する装備なしで、岸壁や絶壁を登ったり降りたりする訓練も受ける。訓練は限りなく続く。武術はもちろん、射撃と銃剣術は基本である。その他にも遊撃戦術訓練、襲撃破壊、そして一〇人一組での小部隊活動や二人一組での戦闘組の活動、対象場所への潜入訓練、通信、無線、偵察など、訓練の種類は多様である。

これらの訓練よりもさらに難しいのは、実際の状況を模した訓練である。たとえば待ち伏せと奇襲を実際にシミュレーションする、指定された場所でまず電話線を繋いで盗聴する、特定の時間と場所で車両を転覆させる作戦を遂行する、といった具合である。ときには重要な官庁を襲撃し、その内部にいる人間を殺害せよという演習もある。そのような場合には、建物なり建物がある都市全体に、あらかじめ非常事態があるから徹底的に対処せよと警告しておいて、作戦を難しくする。この際の攻撃と守備は単純な訓練ではなく、実弾を使用する実地訓練のため、死傷者が出ることさえある。

このときに発生する犠牲は、韓国での革命を先導する前衛部隊としては、革命事業のための準備過程であるので嫌とは言えず、避けることは不可能であると教えられる。

正常な民主主義国家ならば大問題となるところだが、北朝鮮では、南北対立の状況下において韓国での革命および究極的な統一を成し遂げるためには、この程度の犠牲やそれに伴う混乱などは問題でなく、やり遂げるしかないというのが特殊部隊の常識となっている。

辛い訓練課程を成功裏に修了するのは容易なことではない。しかしながら、この課程を経た暁には、特殊部隊員たちはほとんど万能の戦士になっている。世界ではほとんどの国が特殊な任務を遂行するための特別な戦士を養成し、保有している。米国のネイビー・シールズ（Navy SEALs）や英国の特殊空挺部隊（ＳＡＳ）などが世界的な知名度を誇っているが、北朝鮮の特殊部隊員に対する認知度はまだ低い。しかし、北朝鮮特殊部隊の実情が広く知られれば、世界のどの国と比較しても遜色はないとわかるはずである。

彼らは陸上でも海上でも、あるいは公衆の中であっても作戦を遂行する能力を持った軍人たちである。特殊部隊の工作要員たちは一人で一〇〇トン級の船を操縦することができ、二〇キロ余の距離の水泳ができ、強い流れに乗って戦術行動をとりながら泳ぐことさえできる。カン・ミンチョルと同じ部隊出身のある特殊部隊員は、自分は（平壌の）万景台から西海《ソヘ》閘門《カプムン》まで約一〇〇キロの水路を泳いだことがあると言っていた。潜水訓練では一五メートルは基本だった。多くはもっと深い所まで潜水する。また、陸地でも川でも海でも、彼らは何の痕跡も残さず移動ができるよう訓練を受けている。

北朝鮮特殊部隊による青瓦台襲撃未遂事件の際に韓国に潜入した特殊部隊員たちも、雪が積もった山を行軍しながら足跡を消していた。川の流れに乗って泳いだり、特殊設計の潜水艇に乗ったり、または船体にぶら下がって韓国に潜入したりするのは、彼らにとっては特別な仕事ではない。このような場合、通常では母船は韓国の領域外で待機している。現在、韓国に居住する元北朝鮮特殊工作員たちは、日本は一時ほとんど無防備状態で、いつでも行きたいときに行き、やりたい活動ができたと証言している。彼らは主に山口、沖縄、福岡などの海岸地域を随時自由に、また頻繁に出入りしたと語った。

カン・ミンチョルはビルマの刑務所にいたとき、同僚の服役者たちに、自分は暗殺の専門家として特殊訓練を受けた武術の高段者だから、五体満足な身体でなくとも人を殺すことができると語っていたという。暗殺用に製作された特殊小型銃器についても話しており、この銃は手の中に隠すことができるほどのサイズで、誰であれ、どこを撃たれても三秒以内に死ぬと言っていたらしい。

生き残ったテロリストの苦悩

カン・ミンチョルやジン・モは、自爆しようとして手榴弾を爆発させたのだという話もある。しかしカン・ミンチョルはこれを否定した。二人とも最後まで軍や警察と戦闘を繰り広げながら、ありもしない母船に向かって脱出しようとしていた。カン・ミンチョルは自身が傷を負って逮捕されたときの状況は、「交戦中」だったと表現した。そして一度たりとも自爆しようとしたと言ったことはなかった。もし自爆を企てていたのなら、手榴弾を自分の身体の近くで持つか、または身体に密着させたはずである。

北朝鮮工作員が自ら命を絶たなければならない状況では、決められた方法がある。手元に武器がないときや身体の自由がないときには、自分で舌を噛まなければならない。しかし、自分の舌を噛んで命を絶つのは簡単なことではない。そんなときには舌を歯で噛んだまま、自分のこぶしで下あごを強烈に叩く。そうすれば最後は出血多量で死ぬことができるのだ。刃物や銃があるときの自殺は簡単である。特に手榴弾があれば、安全ピンを引き抜いてそれをあごの下に密着させ、爆発させればよい。しかし、カン・ミンチョルとジン・モは、二人とも手榴弾をあごの下ではなく、頭上高くに持ち上げていた。

二〇一三年に出版されたミャンマーの作家カウンテットによる著作にも、北朝鮮テロリストたちが手榴弾を投げようとしたとき、彼らの手の中で爆発したと書かれている。カン・ミンチョルは、自殺しようとしたが失敗したとか、自殺できなかったことを後悔しているといった話は、一度もしたことがなかった。

実はカン・ミンチョルもジン・モも自殺用の劇薬を所持していた。予期せぬ形で負傷してしまい逮捕されたジン・モの場合はさておき、カン・ミンチョルは自殺しようと思えば簡単に決行できたはずである。でも彼は最後まで生きようとした。

ビルマの刑務所で服役していたときに、カン・ミンチョルは自らをキリスト教に導き、個人的にも親しくしていたビルマの事業家アウンテインに、当時の状況を次のように説明したとされる。

曰《いわ》く、自分が持っていた手榴弾は五秒信管のもので、投げる直前に安全ピンを外せば五秒後に爆発すると思っていたのに、自分の手の中ですぐに爆発してしまった。そのために腕を一本失くし、その腕とともにシュエダゴン・パゴダの下の店で買った十字架のついたロザリオも失くしてしまったというのだ。

たった一度だけ、彼は自ら命を絶とうとしたが失敗したと話したことがあった。同じ服役囚として親しかったウィンティンには、北朝鮮では捕らえられて事件の顚末を自白した自分のことを裏切り者と呼んでいる、自分は自殺しようとしたが失敗したのだ、などと言い訳めいた話をしたようである。

これは普段の彼の言動とはつじつまが合わない。しかし、そのようなことを言った前後の状況を考えれば理解することができる。カン・ミンチョルは、自分が死なずに自白したことで、北朝鮮に残された家族に害が及んだかもしれないとずっと悩んでいたはずである。

その当時、ウィンティンはいわばビルマの反政府側の人間で、北朝鮮にも往来していた人物だった。カン・ミンチョルはウィンティンがまだ北朝鮮と通信、または往来が可能ならば、北朝鮮に残った家族に危害が及ばないよう、言い訳めいた言葉をわざと言ったのではないかと考えられる。もし彼が自殺をしようとして失敗していたのなら、少なくとも捜査の過程でビルマ当局に、あのように積極的に協力はしなかっただろう。

北朝鮮当局に対する不信感

カン・ミンチョルが自白をしたのには他にも理由があった。彼は生まれて初めて、自分たちがした仕事が本当に正しかったのか、疑念を抱き始めたのである。特に、限定的にではあるが、負傷からの回復中に外部の情報に接することがあり、全世界が自分たちの犯したテロ行為を糾弾していることを知った。さらに北朝鮮当局は、このテロには何の関係もないと言い、まったく与《あずか》り知らぬことだと白を切るだけではなく、韓国に責任を被せようとしていたのであった。

彼もテロの準備過程で、自分は北朝鮮とはまったく関係がなく、韓国の特殊部隊の要員であると陳述するよう指示を受け、またその指示に従おうと努力したであろうが、内心では自国政府による嘘を受け入れることは難しかったはずだ。

何よりもカン・ミンチョルは、北朝鮮政府と直属の上司たちに対する恨みから抜け出すことができなかった。自分たちは破壊し殺すための訓練を課せられ、そのために特別な待遇も受けたものの、安全のための備えや、任務遂行中に苦境に陥ったときに自分たちを助けるための対策など何もなかった。いわば自分たちは権力者の手段に過ぎず、自分たちが受けた特別な待遇も、自分たちをこのように利用するためのエサに過ぎなかったと考えるようになったのである。上官たちや北朝鮮の体制側は、工作要員たちが逃げるのが困難になったときには、自らその命を絶つことを望んでいたのであった。

これに関連して一つ、彼には疑惑を振り払うことができないことがあった。彼が重傷を負い不自由な身体になったのは、軍や警察の銃撃によるものではなく、自身が安全ピンを引き抜いた手榴弾のためであったが、それは北朝鮮当局が、使用する本人たちが意図しなくとも自殺になるように仕掛けを施した手榴弾だったのではないのか、という疑念である。裁判の過程でも、この問題は提起された。弁護人が、ジン・モやカン・ミンチョルが手榴弾を爆発させたのは自殺を図ったためであったと主張したのに対して、検察は「手榴弾の（犯人たちの近くでの）爆発は、偶然の事故ではなく意図的なものであった。カン・ミンチヨルから押収した武器は殺傷力の高いもので、逮捕しようとした軍人たちに対して使用するためのものだった」と反論している。

実際に私たちの見聞からしても、北朝鮮工作員たちは、包囲されて絶望的な状況であったとしても、そこを突破して北朝鮮へと帰還する例が多かった。彼がビルマ人たちに包囲されたときにも、特殊訓練を受けた軍人としての彼の本能は、戦ってその状況を突破し、その後、どこかで待っているはずの船に向かって脱出することを目指していたはずである。

彼は手榴弾を取り出して、安全ピンを引き抜いたが、安全レバーは握っていたので、普通ならば投げた後で爆発しなければならない。それなのに、彼がピンを引き抜いたのと同時に手榴弾は爆発してしまった。その瞬間、彼も驚いて声を張り上げたのだ。

現場にいたビルマ人の兵士たちは、彼の叫び声が「爆発した！」と聞こえたという。カン・ミンチョルが疑ったのは、これは単純な事故なのではなく、彼をビルマに派遣した人間たちが意図的に、彼が望もうが望むまいが自爆するように仕向けたのではなかったのか、ということである。時おり、彼は「革命」「統一」などの漠然としたスローガンの背後に隠れている権力者たちの非人間性を考えて、身の毛のよだつ思いをしたという。

それでも、彼は一縷《いちる》の望みを捨てていなかった。親しかった同僚や尊敬していた上官たちが裏工作をしてでも、自分を救出してくれると考えていた。しかし、その希望はすぐに水の泡と消えた。北朝鮮政府は事件に対して一切の手を引き、最後まで自分たちとは何の関係もないという言葉を繰り返すだけであった。こうした態度は彼が死亡した後も続いた。韓国はもちろん北朝鮮も、彼の死亡やその後の処理に関して、何の関心も持ってはいなかった。

ビルマの官吏たちによると、カン・ミンチョルが死んだ後、彼の遺骸の処理や葬儀などに関する問い合わせをしたのは、筆者が最初であり、そして最後であったそうである。

心境の変化と「生への意思」

人生の苦難の道のりには重要な岐路がある。カン・ミンチョルがビルマでのテロ作戦に選抜されたのはまったくの偶然であった。特殊部隊指揮部で人選を行っていたとき、作戦遂行には通信の専門家が必要だという意見が出て、それに従ってすでに選抜されていた者を除外し、カン・ミンチョルを入れることが決定したのだという。

後日、カン・ミンチョルは韓国外交官に対して、自身の中で心境の変化が起こり、自白するに至った経緯について説明した。一番大きな理由は、病院で負傷した身体を治療し回復に努めていた期間に、自身の世話をしてくれたビルマ人の親身な好意であったという。特に一人の看護師が特別に親切に接してくれた。ビルマで犯した罪を考えれば、そのような親切は考えられない話であり、人間としての待遇も期待していなかった。北朝鮮だったら、そのような待遇は期待することはできないだろうと彼は語っていた。

その看護師はカン・ミンチョルに、すべてのことをありのままに自白するよう、何度も勧めたのだという。そうすれば、北朝鮮に帰りたいとか、韓国に行きたいなどと言わなくても、ビルマで生きる道が出てくるかもしれないと説得したというのだ。生死の別れ道に立った若者にとって、その言葉がどのような影響を与えたかは容易に察することができよう。

その後、ビルマ側から聞いた話によると、カン・ミンチョルがミンガラドン軍特殊病院に入院して治療を受けていたときに、彼に特別な関心を持って世話をしていた看護師は、実はビルマ当局が調査のためにとった措置の一つの要員であったとのことだった。ビルマ捜査当局は意図的に容貌の優れた女性看護師を選んで彼の世話をさせ、捜査への協力を誘導し、彼を懐柔するように仕向けたというのである。カン・ミンチョルに生きようという意思を蘇らせ、調査を円滑に進めようとした計画だったのであろう。

しかし、カン・ミンチョルが意図的ないわゆる色仕掛けに引っ掛かって自白する決心をしたとして彼を辱めるのは正しくないばかりでなく、事によると最も非情かつ非人道的な判断となるかもしれない。ビルマ当局の色仕掛けをカン・ミンチョルが見抜いていたかどうかは知る由もない。だがいずれにしても、特殊任務を遂行するテロ活動要員として訓練を受けた彼が、このようなありふれた手法を知らなかったはずがない。彼の「生への意思」と自白の決心を、初歩的な色仕掛けの手柄とするのは適切ではないだろう。

スパイが転向を決心した理由について、外部勢力の情報や、人々が暮らすさまざまな姿を見て心を変えたためだという、ありふれた説明がなされる場合がある。しかし、どのような体制であれ、いくら閉鎖的な社会であっても、人々の心を完全に支配することはできないものだ。

仮にその社会で多くの特権を享受して生きてきた人々であっても、心のどこかで、自分が信じてきたことから自身が享受している地位に至るまで、すべてが正しいとは限らないという意識はあるはずだ。単に現実的な必要性から、あるいは身の振り方の便宜上、心の片隅に押さえ付けていた考え方や価値観が、環境の変化によって意識の前面に浮かび上がってくることはあるだろう。

逆に長い間、集中的に訓練を受け確固たる信念を持っていたら、外部の新しい状況にさらされたとしても、新しい情報を既存の信条に当てはめて解釈してしまうものである。いわゆる「偏った同化」(biased assimilation)と呼ばれる現象である。新しい客観的な現実も、自身の基準に基づいて選択して受け入れ、偏った仕方で解釈してしまうのだ。例を挙げると、イスラム原理主義者やそれと似た宗教の信奉者たちは、外部のあらゆる情報にさらされていても、変わることなく、自分たちの信念に執着する。結局、転向や組織の指針を破って自白へと至る過程は、人間社会における他のすべての分野と同様に、一つの理由だけで容易に説明することはできない。

その中でも何よりも重要なことは、生きようとする意思であろう。カン・ミンチョルも病院で健康を回復していく過程で、どんな理由であれ、生きようとする意思を取り戻した。そしてビルマで亡くなるまでの長い歳月においても、生への執着を忘れることなく、悲惨な状況においても希望を捨てずに生きていこうとする意思を持ち続けたものと考えられる。

あらゆる方法で自らの命を軽々と捨てることができるよう洗脳されていた人間であるのに、原始的な「生への意思」を取り戻し、生きようとする心を持つに至ったカン・ミンチョルには、本当に感動的な面がある。知的な、あるいは精神的な次元を超えて、原始的な、そして頭や心ではなく、骨にまでしみるような感動を私は覚える。傷を負い、逮捕され、生死の瀬戸際で治療を受け、健康を回復する過程でカン・ミンチョルは、生きようとする意思をはっきりと見せてくれた。

国民に死を強要すべきでない

逮捕されてしまった状況下で、自殺を選ぶスパイや特殊要員はたくさんいる。これにはいろいろな要因があるだろう。自らの確信に率直に従うこともあるだろうし、自身の命を捧げることは信じている大義に沿ったものだ、という使命感なども一因かもしれない。捕らえられる恐怖から逃げるために自らの生命を捨てる場合もある。長年、集中的に政治的洗脳にさらされてきた状態にあったことで、反射的に自分の生命を絶つ場合もあるだろう。人質のように残してきた家族に対する愛と、彼らの将来に対する配慮から自分が犠牲にならねばならないと考え、命を絶つスパイもいる。

それ以外のやむを得ない状況もたくさんあるに違いない。しかし、個人的には、カン・ミンチョルが見せた生きようとする意思が私の心の琴線に触れ、涙を禁じ得ないのである。政治的、または社会的権力は私たちに自分の生命を簡単に捨てさせ、その権力体制へと奉仕するよう要求するときがある。国家のため、大義のため、家門のため、子孫のため、世間体のためといった名目である。一九六八年の青瓦台襲撃未遂事件当時、唯一投降して生きたまま捕らわれの身となった金新朝《キムシンチョ》は後日、大変感動的な自叙伝を著した。その自叙伝には、生きたいという意思と、それまでに受けた教育と訓練、生死をともにしてきた同僚に対する義理などの葛藤に悩む思いが繰り返し述べられていた。

あのとき、最後に残ったのが私一人でなく二人だったとしたら、私は投降していなかっただろう。一人だったから、私は投降する判断をしたのだった。

この金新朝の告白は、生きたいという自身の意思と、それを妨げる周囲との関係についての切実な述懐である。これはもちろん、北朝鮮に限った話ではない。世間にはいろいろな状況と言葉によって、人々に自分の命を簡単に捨てさせ、さらに高い次元の価値を実現させようという理屈づけがいくらでもある。第一次世界大戦当時、英国の兵士募集の宣伝ビラには「自分の命を捨て、国家から永遠の生命を得よう！」という煽動の言葉が躍っていた。

フリードリヒ・シラーのような詩人も、戦場での死は生の苦痛を超越することができる崇高な死であるとして、浪漫的に美化したことがあった。軍国主義時代の日本でも、著名な哲学者や文人たちが若者に、さらには婦女子にまで、場合によっては国家のため、あるいは天皇のため迷わず死を選べと求めた。天皇も軍人たちに下賜した勅語で、「生きて虜《りょ》囚《しゅう》の辱めを受けず」と説いたものである。

現在では、世界のほとんどの地域でそのようなことはなくなってきているし、国民にそのような要求をする国も稀である。社会に最も根本的な正義があるのならば、国民に死を要求したりせず、生きるようにし向けなければならない。

服役中にキリスト教に入信

韓国の大統領を暗殺せよという命令を受けてビルマに来た当時の写真を見ると、カン・ミンチョルは身体が締まり、目鼻立ちがくっきりしていて、特に引き締まった唇と鋭い眼光を持つしっかりした印象の若者であった。身長一七一センチは、当時の北朝鮮住民の平均より高い。逮捕され刑務所に収監されてから一五年後、韓国外交官たちと面会したときも、彼は依然として剛健な身体を持ち、鍛錬された姿であった。

刑務所で彼は毎日の夕食後に瞑想《めいそう》し、故国に残してきた家族のために祈禱《きとう》した。そして服役中、最初は仏教に帰依した。だが一緒に刑務所にいた人たちの証言によると、後に彼は同僚服役者の伝道によってキリスト教徒になったという。

この時期に刑務所で一緒に服役していた人たちの中に、ヨセットと彼の義弟のアウンテインがいた。彼らは富裕な事業家であり、国法で禁じられているチーク材を中国に密輸した罪で、長期の実刑を受けていた。しかし、ある人の話では、その罪状は当時軍事統治をしていたビルマ政府の口実に過ぎず、彼らはキリスト教徒で宗教活動に積極的だったために、権力層の目を引いてしまったことから、いわば「冒瀆罪《ぼうとくざい》」に引っかかったようなものだということだった。二人の嫌疑は、キリスト教の宣教活動に熱心だったため、仏教界との関係を特に重要視している政権の憎しみを買った結果だったのだ。特にアウンテインはキリスト教の集会所をあちこちの村につくり、信仰共同体をつくったために政府に目をつけられたものと見られる。アウンテインは一五年、ヨセットは一八年の刑期であった。

カン・ミンチョルはその二人からの、そしてとりわけアウンテインの積極的な宣教により、キリスト教徒になった。カン・ミンチョルはアウンテインからキリスト教の教理を学び、聖書をもらって読んだ。カン・ミンチョルは彼らに、実は自分の母親はキリスト教徒で、家には十字架と聖書などを秘かに隠していたという話をしたようだ。母親はときどきこの聖書を取り出し、祈禱していたという。また、母親は咸鏡道《ハムギヨンド》北方の辺境の出身で、母系にはロシアの血が混ざっているという話もしたらしい。このような話にどの程度の信憑性があるかはわからない。

二人のビルマ人の服役者はともにホテル運営、不動産経営、宝石採掘、木材取引のような大事業を行っている富裕家で、刑務所にいても差し入れが豊富だった。さらには、看守たちとの暗黙の了解で夫人と会うことも許容されていて、ヨセットには服役中に息子が生まれたそうである。

カン・ミンチョルは刑務所で、彼らの援助をたくさん受けていた。ヨセットはカン・ミンチョルを特に哀れみ、差し入れがあれば分けてやるのはもちろん、面会者に頼んで韓国料理を取り寄せ、カン・ミンチョルに与えていた。

仏教であれキリスト教であれ、カン・ミンチョルが宗教を受け入れて、篤実な信仰者になったということは事実だったようである。二人の話によると、カン・ミンチョルはキリスト教徒になり、キリスト教徒として死んだという。特にアウンテインは、最初カン・ミンチョルに会ったときは、彼は仏教を信じていたが、後にキリスト教に改宗したと自信を持って話した。

カン・ミンチョルはインセイン刑務所の特殊監房一号に収監されており、アウンテインは七号に収監されていた。服役者たちはその構内を自由に歩き回ることができた。ある日アウンテインが自房で、半ズボンと袖なしのチョッキを着ていたのをカン・ミンチョルが見て、まるで「一般人」のようだと声をかけたのが交友関係を深めるきっかけだったようだ。アウンテインはカン・ミンチョルがその服を羨ましがっていたので、もう一着を工面してカン・ミンチョルに着てみなさいと言った。するとカン・ミンチョルが自分にぴったりだと喜ぶので、持っていけと告げると「もらってもいいのか。どうしてこんなにいい服をくれるのか」と嬉《うれ》しがっていた。「私たちはみんな兄弟だ。良い服があればお互いに分け合うのは、特別なことではない」と言うと、カン・ミンチョルは重ねて理由を聞いたという。二人の関係は、このようにして深まった。

アウンテインはカン・ミンチョルに「人間は皆、唯一の神様の子で、罪を犯しても悔い改めれば、神様はいつでも許して下さる」「改悔《かいげ》し神様に罪の赦《ゆる》しを求めれば救いを受け、永遠の生が得られる」というキリスト教の基本的な教理を話して聞かせた。

カン・ミンチョルは彼に、「仏教には五戒があるが、キリスト教にもそれがあるのか」

と尋ねた。アウンテインは「キリスト教には十戒がある」と教えてやり、カン・ミンチョルが「仏教徒も、イエスと神様を信じなければ救済を受けることはないのか」とさらに尋ねたので、誰であろうと信じない人は救済を受けることはできないと答えると、カン・ミンチョルはその場でキリスト教に改宗すると言ったという。アウンテインは聖職者ではなかったが、刑務所という特殊な環境でやむを得ず、自らカン・ミンチョルに聖水なしの洗礼を行い、「マタイ」というキリスト教式の洗礼名をつけてやったと語っていた。その後、カン・ミンチョルは大変敬虔《けいけん》なキリスト教徒になり、毎日三回、朝鮮語で祈禱した。あるときなど、面会に来たビルマ情報部の官吏にも「神様を信じなさい」と伝道することがあった。

カン・ミンチョルが特に感銘深く受け止め、繰り返し話していた聖書の教えは新約のイエスの言葉で、「汝《なんじ》、敵を愛せよ」や「誰かがお前の右頰を叩けば、左頰も差し出せ」のような聖句だった。アウンテインはカン・ミンチョルがビルマ語を読めないので、英文の聖書をあげたという。あるとき、カン・ミンチョルは夢でイエスと自らの母の幻影を見たといい、イエスは白い服に長いひげを生やしていて、その傍に自分の母が一緒に立っていたのを見たと語ったらしい。

アウンテインは、カン・ミンチョルは死ぬときもキリスト教徒として死んだと言った。死の前、彼はもし自分が刑務所から出られたら、牧師になるか教師になって、イエスの福音を広く伝道したいとも言っていたとのことである。

余生は韓国で暮らしたい!

カン・ミンチョルは、刑務所の中で、ビルマの政治犯たちと出会った。そして彼らから、ときどきビルマの民主化に関する話を聞いた。彼が親しくしていた政治犯の一人が、アウンサンスーチーが率いるビルマ国民民主連盟の副代表で、スポークスマンでもあったウィンティンである。

ウィンティンは収監された当初は独房に監禁され、他の服役者との接触は完全に禁止されていた。しかしその後、特に、当時の政権で第二の権力者だったキンニュンが二〇〇四年に失脚した後は、監房の外部への出入りも許され、他の服役者との接触と会話も可能になった。ウィンティンは釈放されると、米国の自由アジア放送による会見で、北朝鮮工作員カン・ミンチョルが生前に韓国行きを希望していたが、南北がともに受け入れず、侘《わび》しく生を締めくくったと明かした。ウィンティンによると、彼は死ぬ直前まで韓国に行きたいという希望を捨てきれず、執着していたという。

二〇〇七年末から二〇〇八年初めにかけての時期に、ビルマと北朝鮮の国交が再開された際、カン・ミンチョルは韓国に行けると考えて「韓国には行きたいが、北朝鮮には絶対戻りたくない」と言ったそうである。自分の存在はビルマや北朝鮮にとっては煩わしいだろうから、多分自分を釈放するのではないかと考えたのかもしれない。ウィンティンによると、北朝鮮はカン・ミンチョルという人物は自国民ではないと言い、韓国は彼が全斗煥大統領を殺害しようとしたという理由で受け入れなかったのだとぼやいていたらしい。

カン・ミンチョルが収監されていた監房は、インセイン刑務所内でも主に政治犯や外国人など、特別な服役者たちが収容されているところだった。この特別区域は離れ家になっていて、アパートのようなつくりになっているところもあり、室外には運動ができる庭もあった。そのため一般の服役者たちよりは余裕があり、食品の供給状況もはるかにましだった。ウィンティンのような人たちとの接触で、カン・ミンチョルは当時、外部の状況に関していろいろな話を聞くことができた。ウィンティンや他の政治犯たちから当時のビルマの政治的な状況を伝え聞いて、韓国の現実についてもいろいろ考えるようになった。

自分が自由の身になることに関して、カン・ミンチョルは、北朝鮮よりは韓国に希望をかけていた。北朝鮮では彼を裏切り者と見るだろうが、韓国ではひょっとすると彼を許し、受け入れてもらえるかもしれないという希望を捨てなかった。

彼の考えを支配していたのは政治でも、祖国でも、他のいかなるものでもなく、家族のことだった。彼はカン家の長男として、両親にまともに親孝行できなかったことに何よりも苦しんだ。カン・ミンチョルは機会があるごとに、未婚だった妹の面倒をきちんと見てやれなかったことに呵責《かしやく》を感じると吐露していたらしい。

特に彼を苦しめたのは、彼が北朝鮮の指示に従い自決するか、少なくとも秘密を守っていればよかったが、自白したために残された家族が処罰されたかもしれないということであった。自分のために家族がどれほど辛い目に遭っているかを考えることは、悪夢中の悪夢だった。その意味でも、特に本国に関する便りはどのようなものでも嬉しがったが、大部分は彼が望んでいたこととは関係のないものばかりで、いつも失望するだけだった。

一九八七年に起こった大韓航空機爆破事件と、逮捕されたテロ犯である金賢姫の話を聞いて、彼は大変興奮していた。カン・ミンチョルは一時期、海外特殊任務要員を訓練するための組織である海外調査部で、金賢姫と一緒だったことがあった。金賢姫が自叙伝を出版したという話を聞いてからは、その本を無性に読みたがっていた。韓国外交官を通してその本を手にするや、読んではまた読み返した。それからはその本に出てくる人たちの名前を取り上げては、自分も知っている人間だと話した。

そう言いながらも彼は周りの服役者たちに、工作員として金賢姫の活動自体は大変初歩的で、特に話の種にもならないとも言っていた。同時に北朝鮮政権は、特に特殊工作の指揮部は無謀なテロ作戦を指示し、工作員たちに対する配慮は何にもしていないと不満を吐露した。そして北朝鮮指導部が外部世界に対してあまりにも無知すぎるため外の事情を無視し、自分たちの考えだけに溺れているという話もした。今、外から見ると、北朝鮮指導部が犯した罪の数々は、愚かな所業であると語った。

また彼は、北朝鮮にいたときには、自分たちがしている仕事はすべて正しく、民族の統一のためには身も心もすべて捧げなければならないと感じていたが、その考えはすべて偽りで、間違っていたという心境も打ち明けた。

カン・ミンチョルは北朝鮮政府が、自身に徹底的に背を向けるどころか、恐らく背信者と見ているだろうと考えていた。そのため、さらに他の処罰が加わることになろうとも、韓国政府が自分を連れていってくれないだろうかという希望を捨てなかった。結果的に大きな罪を犯したが、さらに処罰を受けるとしても、いっそのこと韓国に行って暮らしたいという夢を語っていたのである。

二五年間の刑務所生活

カン・ミンチョルは強い性格の持ち主だった。その行跡を見ても、彼が自白したのは気が弱かったとか卑怯だったためではなかった。生きようとする意思と執着が強い人間だったからなのである。彼は逮捕されたときから一度も、自殺できなかったことを後悔していると言ったことがなかった。カン・ミンチョルは自分がしたことについて、虚心坦懐《たんかい》にすべてのことを正直に陳述した。

直接反省しているという言葉は使っていないが、正直に陳述することで反省の表明の代わりとしたようである。彼は厳格な自己管理と節制をもってインセイン刑務所で二五年間暮らした。飲食から始まり、すべての生活場面で苦労したはずである。家族への恋しい思いと同時に彼を苦しめたのは、将来を嘱望された若き軍人から、一日にして異国の地で不自由な身体の囚人に転落してしまった自らの境遇に対する虚脱感と孤独であった。一九九八年に韓国大使館の職員が彼に面会に行くまで、彼は一五年の間、朝鮮民族とは出会うことがなかった。

刑務所での配食は一日二食だけで、食べるものも充分とは言えない。その当時のビルマの人たちは、一日二食が普通だった。今も一日三食を取ることは稀のようである。朝食は午前一一時頃に出る。その次は午後四時頃に昼食兼夕食が出る。大豆と白米が主食で、茹《ゆ》で野菜とカレーなどが通常メニューであった。カン・ミンチョルは食べ物を出されたまま食べるのではなく、自分で調理し直して食べた。好き嫌いが多い方で肉は食べられず、自分に出された肉は、他の服役者にまわしてやった。韓国大使館から差し入れがあったときには食物が豊富で、特にチョコレートなどの菓子類を周囲の人に分けてやった。他の服役者たちに差し入れられた食物をもらって食べることもあった。

それでもカン・ミンチョルが服役していたインセイン刑務所の特別区域はまだ食事が良い方だった。しかしながら、北朝鮮で特別な待遇を受けて暮らしてきたカン・ミンチョルには、すべてのことが困難であっただろうと推察できる。しかも彼は食べることにとても注意し、いろいろ細かく神経を遣って食べる方であった。だが、彼に何回か面談してきた韓国外交官は、あのような長い刑務所生活にもかかわらず、血色よく身体は引き締まった姿のままだったと記憶していた。

彼は、富裕層のヨセットのような人たちの世話になることが多かった。ウィンティンがくれる食べ物はあまり食べなかった。根拠はなかったが、刑務所にいながらも周辺を警戒することが多かった。特に、北朝鮮政府が自分を殺しに来るのではないかと怖がっていた。ビルマと北朝鮮の国交の再開が決まったときにはその恐怖が大きくなり、周囲に対する警戒心も強くなった。食べ物を選《よ》り分けて食べた背景には、そのような恐怖があったのかもしれない。

カン・ミンチョルは刑務所の庭にあるいろいろな木に登り、マンゴーのような果実をもぎ取ってきて細かく切り、米と一緒にお粥《かゆ》にして食べていた。同僚の服役者たちは片腕がない彼が巧みに木に登り果実をもぎ取ってくるのを物珍しそうに見ていたという。また、彼は刑務所側にねだって肉や卵などを余分にもらい、同僚たちに分けてやっていた。

カン・ミンチョルはタバコを吸わなかった。ときどきタバコを入手することもあったが、他の人たちにあげた。彼は水をたくさん飲んだ。一日に水を大瓶で四本ほど飲んでいた。熱心に運動し、瞑想と祈禱に多くの時間を費やした。朝四時に起床し、一時間程度の運動をしてから、祈禱と瞑想で過ごした。午前に朝食兼昼食をとった後はまた運動をしたり、午後の食事前までに軽い労働をしたが、それは木を切ったりするような仕事であった。それ以外には、刑務所の看守たちにテコンドーを教えたりした。夕方には長時間の祈禱をしたが、主に家族が無事に元気に過ごせますようにというお祈りであった。

韓国の外交官がキムチとキンパ（韓国式海苔巻《のりま》き寿司《ずし》）、ラーメンのような食物とチョコレートのような菓子を持ってきたときには、彼は大変喜んでいた。韓国人なら誰もがそうだが、彼もキムチが好きだった。でもキンパはそれほど好きではなかったようである。刑務所での食べ物は充分ではなかったので、その補充になる食品を喜び、特にラーメンとキムチを喜んでいた。

死の直前、親しくしていたヨセットにカップラーメンを一つあげており、ヨセットはそのラーメンを記念に持っていた。韓国外交官が小遣いを少し置いていったときには、もらったお金を預り金としておき、必要なときに使った。しかし、そのような接触も長くは続かなかった。二〇〇〇年代に入り、南北朝鮮の和解が進むにつれて、韓国政府は彼の存在や扱いを厄介と考えるようになっていったのである。

祖国に対する怨恨と憧憬

カン・ミンチョルは、自分が性的な経験がまったくない生粋の独身であると言った。ある時期、結婚を約束した女性がいたが、肉体関係はなかったという。苦笑いをしながら、女性の手にさえ一度も触れたことがないと話した。女性についての彼の記憶は、話すときの状況によって少しずつ違っていた。ある人には故郷の通川に結婚を考えたほどの親しい女性がいたと話した。また別の人には、特殊作戦に出る前、北朝鮮工作員の通例として外部から隔離された家屋で訓練を受けていた際に世話をしてくれていた女性がいて、その女性の娘が許嫁《いいなずけ》であると言っていた。もし作戦が終わって無事に帰国していたら、その娘と結婚する予定であったと嬉しそうに話したらしい。そんな話が出たときの彼は時おり、その娘に手紙を出す方法はないだろうかと言ったり、彼女がすでに結婚してないわけがないと溜《た》め息《いき》をついたりした。

そして彼は、一部の服役者たちの間で行われる性行為に対して、嫌悪感を吐露した。「この人たちは、獣にも劣ることをしている。見るのも、考えるのも嫌になる」と言った。彼が親しくしていたヨセットには、自分の切実な願いは結婚をしてみることであると語っていた。一日に何回も、結婚の話をしたときもあった。ヨセットは彼の立場に同情し、外に出ることができたら、女性を紹介してやると約束したが、その約束は果たせず、ついにカン・ミンチョルは未婚のまま刑務所で生涯を終えた。

彼は韓国に対しては、ときどき、相反する感情で悩んだ。一方では南北をひっくるめて、自分の人生を悲惨なまでに破壊した故国と同族に対する甚だしい憎悪があった。初めて韓国の外交官と会ったとき、彼は長年押さえ付けてきたやるせない憤りを爆発させ、南北を問わず朝鮮民族全体に対して、恨みに満ちた不遜な言葉で感情を吐き出した。自分を死地に追い込んでおいて、助けてくれるどころか何の関係もないと否認した北朝鮮に対する恨みは当然のことであった。北朝鮮政権や指導者たちへの恨みや批判を吐露しながらも、ときには北朝鮮に対する郷愁を隠すことができなかったらしい。北朝鮮には良い点も多いという話もしていた。

ヨセットの監房にはテレビもあり、ときどき韓国に関する情報に接することもあった。韓国の経済が良くなって、人々の暮らしが良くなったという情報に対しても、北朝鮮にも優れた点がたくさんあり、特に軍が強力であると語った。北朝鮮が韓国より先にロケットで人工衛星を打ち上げたという自慢話もしていた。

服役中に彼を一番苦しめたのは、自分自身に関することであった。自分が何者なのか、自分はどうしてこのような想像もしなかった遠い国で、異常な存在として生きているのか。故郷へ帰れば、いや、故郷でなくとも韓国かまたは他のどこであれ、朝鮮民族が住んでいるところへ行って、忘れつつある朝鮮語で南北問題や自分に関する話をして、そして他人の話を聞きながら暮らせば、再び自分を取り戻せそうな気がするとも言っていた。

カン・ミンチョルは、北朝鮮に帰って祖国と偉大な指導者を裏切った罪で処罰されようとも、可能であるならただの一日だけでも、故郷に帰りたいと考えていた。しかし、それが不可能であることもよく知っていた。次いで、もう少しだけ現実的な希望として、韓国へ行くことを望んでいた。その韓国でもやはり、テロリストとして処罰を受けるだろうことは知っていた。だが、たとえそうだとしても、可能なら韓国へでも行きたがった。それもダメなら外国であろうと、朝鮮民族が住んでいる朝鮮語を使えるところなら、そこでたった一日でも人間らしい暮らしをしてから死にたいと切実な思いを吐露することもあった。

しかし、韓国大使館との接触も途絶えがちになり、結局は絶えてしまった。南北朝鮮間の交流と協力が活発になり、現地の大使館はカン・ミンチョルとの接触を避けるように本国政府から指示を受けたのだろう。

第八章　生と死の狭間で苦悩したカン・ミンチョル

故国を恋い慕う心

タイに亡命したビルマ人たちが発行している月刊英字紙『エーヤワディー・ニュース・マガジン』（The Irrawaddy）は、二〇〇七年四月二七日付で、「カン・ミンチョルは韓国であろうと北朝鮮であろうと、故国には帰らないことにした」と報じた。どちらに帰ろうとも歓迎を受けるどころか、処罰されることになるためだと記事は書き、今や現地語にも熟達したので、彼は余生をビルマで過ごすことにしたと紹介している。しかし私が会った人たちは皆、この報道は事実ではないと証言した。この報道は北朝鮮と国交を再開したビルマ政府側が流したものであるという意見もあった。

カン・ミンチョルと二〇年近く一緒に服役したウィンティンの証言もこれを裏付けている。彼は一九八九年から二〇〇八年にカン・ミンチョルが死ぬ直前まで、同じ刑務所で服役していた。カン・ミンチョルは常日頃より、ウィンティンが「ビルマも韓国のように民主化に成功することを望んでいる」と言うと、興味深く聞いていたという。それだけでなく、韓国がアウンサンスーチーをはじめ、ビルマの民主化のために努力する人たちを助ける運動もしているという話にも、不思議がっていたとのことである。

カン・ミンチョルは、ビルマが北朝鮮との国交を再開すると、自分の存在がビルマなり北朝鮮政府にとって目障りになるだろうから、ビルマ政府が自分を韓国に送ってしまいたいと考えるかもしれないと、一抹の希望を抱いていたらしい。あるいはビルマと北朝鮮の国交再開を契機に、自分の存在が人々に改めて認識され、ビルマ政府が自分を放免するかもしれないとも考えていたようだ。しかし、これらの希望はすべて水の泡と消え、ずいぶん失望したそうである。

それでもカン・ミンチョルは死ぬまで、しつこいほどに故国へ帰りたいという希望を捨てなかった。故郷の記憶が遠くぼんやりしてくるほど、身体が日ごとに衰弱してくるほど、故国に対する、そして失った自分自身に対する恋しい思いは募るばかりであった。誰も待つ人のいない韓国に彼があれほどまでに行きたがったのは、単純な故郷への郷愁ではなかった。それはむしろ、自分を探すための涙ぐましい努力であった。そんな彼を最も落胆させたのは、韓国でも北朝鮮でも、自分が完全に忘れ去られた、何者でもない幻のような存在になってしまっていることだった。

彼は長い歳月を異国の刑務所で暮らしながらも、明け方ふと目が覚めたときなど、今、自分はどこにいるのか、悪夢を見ているのではないかと混乱したりした。幾度か彼は、夢の中で故郷に帰ったことがあった。再びあらゆる特別待遇を受ける特殊部隊の誇り高き青年将校にして、将来有望な若者、親類縁者と女性たちから愛されている人間、そして村中の羨望の的として帰っていたのである。夢の中とはいえ彼は、あれほど好きだった故郷の魚料理、ご飯の上にのせて食べる日干しにして和《あ》えた明太《めんたい》（スケトウダラ）や、カレー入りのキムチの味をしばし楽しむことができただろうか。しかし、甘い夢はかえって、現実に戻ると惨い悪夢となる。眠りから覚めると彼はしばらくの間、現実と夢の相反する状況の間で彷徨《ほうこう》しなければならなかった。

　夢が現実なのか、現実が悪夢に過ぎないのか。今は悪い夢を見ているだけなのか。私は誰なのか！　ここはどこなのか！　私はなぜ、どこかわからないところに来ているのか――そのように彷徨いながら、彼はゆっくりと現実に戻ってくる。そして、いくら地団駄を踏んでも逃れることができない現実、すなわち監禁されていることを悟るのであった。何回か長い溜め息をつき、残っている方の腕で胸をなで下ろしたが、現実は重い石のように彼の胸を押さえ付けたままであった。それはいかなる宗教や信仰といえども埋めることができない空洞であり、どんなお祈りでも叶えることができない、徹底的なまでに人間くさい願いだったし、どんな信心をもってしても癒やせない痛みだったのである。

カン・ミンチョル送還のための努力

私は一九九八年、韓国国家安全企画部第一次長職のとき、ビルマの情報機関と交流するためにビルマを訪問した。ビルマが近づくにつれて私の頭の中には、協議しなければならない課題とはかけ離れた、今や世間から忘れ去られた一人の男性のことがしきりに思い浮かんだ。その当時は、ごくわずかな人以外はカン・ミンチョルを記憶している人もいなかった。それなのにどういうわけか、私はずっと彼のことを考え続けていたのだった。

現地訪問のために準備した資料の片隅に、カン・ミンチョルに関する情報や報告があった。数年前に現地から送られていた彼に関する報告であり、それは彼が自閉症にかかり、廃人になったという内容だった。カン・ミンチョルの刑務所生活は、その時点ですでに一五年も経っていた。大韓航空機爆破事件の金賢姫もカン・ミンチョルも、やってはいけない犯罪を起こした犯罪者である。しかし視点を変えれば、数十年間続いてきた南北朝鮮間の対立がもたらした不条理から生じた犠牲者であることは紛れもない事実である。少なくとも今や金賢姫のように、カン・ミンチョルにも一人の人間として、自分の判断で周囲の環境と自身の生き方を決めさせ、その生活を営む機会を与えるべきであり、たとえ短い期間であっても、自由な一人の人間として、この世を生きていく機会を享受させるべきであると私は考えたのであった。

当時のビルマ政府情報部長であり、第二の権力者であったキンニュン将軍との面談の場で、重要な案件がだいたい片付いた後に、私はカン・ミンチョルに関する話を持ち出した。そして彼とわが国の外交官との面会を許可してほしいと要請した。キンニュン将軍は、最初は難しい要請であるという反応を示した。しかし私が、いろいろな理由を説明しながら繰り返し要請すると、しばらく躊躇していたが、承諾してくれた。それゆえ面談はビルマ政府の公式措置ではなく、あくまでもキンニュン将軍の個人的な判断によって、非公式のレベルで行われたものである。ビルマ情報部のある局長が、カン・ミンチョルが収監されているインセイン刑務所に出向している情報部の派遣官に個人的に指示し、韓国外交官との面談を取り持つという方法がとられた。

インセイン刑務所の門を入るとすぐに面会室があったが、カン・ミンチョルとの面談は、そこを通り越してさらに奥にある、もう一つの部屋で行われた。テーブルを真ん中に置いて、韓国の外交官とカン・ミンチョルが一九九八年に至って初めて、向かい合って話を交わしたのであった。カン・ミンチョルとしては、一五年ぶりに韓国語を話す同胞に会ったことになる。最初、彼は警戒していたし、期待と怨恨が混ざった複雑な心境を見せた。自分の人生を台無しにした北朝鮮指導部にはもちろんであるが、韓国に対しても不満と恨みを隠さず吐き出した。しかし、しばらくして、韓国の外交官が彼の怨恨を理解して寛大な態度で接しているとわかるや、最初の硬直した態度も解けて、真心がこもった会話が可能になったという報告をその外交官から聞いている。またカン・ミンチョルは、自分の年齢が公表されている情報より二歳若いことを話し、一～二歳年長の韓国外交官を「ヒョンニム（お兄さん）」と呼びたいと言っていたらしい。

だが、このような面談も、長く持続させることはできなかった。二〇〇四年にはビルマの最高指導部内部で権力闘争が起こった。そして最高権力者だったタンシュエとマウンエーなどが、第二の権力者だったキンニュン将軍を粛清し、自宅軟禁してしまった。キンニュンが排除されたのと同時に、彼の側近で私と個人的に関係が良かったチャオウィン将軍も失脚した。個人的に非公式面談を周旋してくれていたキンニュンの失脚と同時に、その後は面談も不可能になってしまった。韓国の国家情報院（国家安全企画部は金大中政権誕生とともに再編され、一九九九年一月に国家情報院と名称が変わった。略称「国情院」）も関心を失っていった。

その頃、私はさまざまなルートを探り、カン・ミンチョルを釈放するために努力した。政府にもビルマ当局とカン・ミンチョルの釈放を交渉し、彼を韓国に連れてくるか、または多くの韓国人同胞が住んでいる第三国で定着できるような助力をするよう提案したが、受け入れられなかった。後に聞いた話では、国家情報院の北朝鮮担当部署は肯定的であったが、他の部署などの反対で実現しなかったとのことである。

カン・ミンチョルの釈放に肯定的であった人物たちも、彼を韓国に連れてくるのは「重要な歴史的事件の証人として」の価値があるとか、彼のことを情報の提供ソースとだけ考えていて、彼の人間としての苦痛に同情を示した人は、一人もいなかった。そして国家情報院は、新しく浮上してきた脱北者問題に没頭しなければならず、カン・ミンチョルへの関心は薄れてゆかざるを得なかった。

政府による交渉の道が閉ざされた私は、次は民間でこのようなことを斡旋《あっせん》してくれるところがないか探してみた。そしてビルマを含め海外での活動が多く、国際的に影響力もある金章煥《キムジャンフアン》牧師を訪ね、カン・ミンチョルの釈放の斡旋を依頼した。金章煥牧師は極東放送社長や世界バプテスト連盟会長などを務める宗教界の指導者であり、韓国の歴代政権に影響力を持つ人物でもあった。金牧師もやはり彼を韓国に連れてくるよりは、第三国で余生を過ごせるようにすることがより現実的であるという意見であった。

金章煥牧師はこのことで、二回もビルマを訪問してくれた。現地にいる宗教家の助けも借りて、熱心にビルマ政府側との交渉を試みて下さった。金章煥牧師はカン・ミンチョルを釈放させ、韓国に連れてきて全斗煥元大統領と会わせて、許しを請わせる考えであった。

しかし、結果は絶望的なものだった。ビルマの当局者は、韓国政府が彼の釈放を交渉してくるなら考慮する余地はあるが、民間人が囚人の身元を引き受けるなどあり得ないという態度であった。実際問題として、ビルマ当局としては、終身刑囚としてすでに二〇年以上服役した囚人をこれ以上刑務所に閉じ込めておく理由はなかった。韓国側の要請があれば彼を釈放し、自由の身にしてやる準備はできていた。しかし、彼の同胞たちは、彼に対する関心も配慮もなかった。韓国政府関係者にとって重要なのは政治的な利害関係だけで、カン・ミンチョルという「個人」に対する興味などなかったのである。

南北関係に運命を塞がれてしまったテロリスト

本書を準備している過程で、ある日刊紙の日曜版に三回にわたって、この本の内容の一部が抜粋され掲載された。その後、主要日刊紙二紙で、そのときに抜粋され発表された内容についての社説が出た。その社説で主に指摘されたのは、いわゆる太陽政策批判に狙いを定めた政治的な事柄に関してであり、私が意図していたようなカン・ミンチョルという一人の「人間」についてではなかった。同じ民族の間で互いに争う権力の隙間で、悲惨なまでに台無しにされた一人の人間の人生に対する関心は、まったく見られなかった。

長期間にわたり、南北関係の不条理な面が私を混乱させてきた。ラングーン事件が決着して一年も経たないうちから、南北では再び「人道的な支援」やら「兄弟間の友愛」といった話が話題になった。

全斗煥政権はこの機会に、南北関係に画期的な転機をもたらすことができると考えた。南北間で活発な交流と対話が生まれ、次いで全斗煥の最側近であった張世東《チャンセトン》国家安全企画部長が秘密裏に平壌を訪問し、金日成と面談して首脳会談を提案する大統領の親書を手渡した。張世東はその席で、金日成の抗日闘争と、過去四〇年間にわたり北朝鮮を統治し偉大な成果を成し遂げてきたその指導力を高く褒め称え、全斗煥大統領が金日成の愛国心と民族愛を高く評価しているという話もした。引き続き二人は、南北が朝鮮半島の平和と統一のため、ともに努力しようという話も交わした。

全斗煥大統領は親書で、金日成が彼の提案に肯定的に応じてくれたことに感謝し、彼が先に平壌を訪問し、その次に金日成がソウルを訪問する方式で、首脳会談を進めようと提案した。金日成は全面的にその提案に賛成し、首脳会談を通じて朝鮮半島の緊張を緩和し、葛藤を解消して究極的には中立統一国家を建設することができると応答した。金日成も全斗煥大統領閣下は「お元気でお過ごしか」と安否を尋ねた。そして大統領閣下の「親切で、真心のこもった愛国の素晴らしい言葉（親書）」を伝えてくれた張世東にも感謝した。

あらゆる素晴らしい言葉の応酬があったにもかかわらず、その提案は実現しなかった。これは、南北関係において繰り返されてきたパターンのある一面を端的に見せてくれた。金日成と全斗煥は、ともに相手方を殺そうとしていた。そのわずか二年後に、互いのことを称賛しながら民族の和解と統一が論議されたのだ。全斗煥がラングーン事件直後、激しい表現で北朝鮮政権を非難していたときの言葉は、いつの間にか金日成の「愛国心と民族愛」を褒め称える言葉に変わったのである。金日成も自分が殺そうとしていた全斗煥の「愛国の至誠」を言葉にした。

この二人の指導者こそ、不自由な身体になってビルマで収監生活を送っていた若者の数奇な運命に対して、直接・間接的な責任がある。先に述べたように、テロ行為の直接的な責任は金日成にあるが、その間接的な原因と背景は、いわゆる光州事件前後に韓国で起こった政治的な混乱にあった。

「和解」「統一」などのあらゆる立派な言葉を交わしていても、彼らは自分たちのために始まった一人の若者の悲惨な運命に対しては何の呵責もなく、考えることもないということなのである。交渉を担当していた張世東なり、朴哲彦《パクチョロン》、韓時海、許錟《ホダム》などはもちろん、全斗煥も金日成も、「重大な政治的課題」に比べれば、一人の若者の生と死など、一顧の価値もないし、心の片隅にもなかったのである。こんなに「重大な」事業に取り組んでいるのに、一個人の命などでそれが狂ってしまうのはとんでもないということなのである。いや、最初からそうした考えさえも、彼らの頭の中にはなかったに違いない。

このような現象は、その後の政権でも繰り返された。一九九〇年代に入り登場した金泳三政権も、南北間に新しい交流と協力の転機をもたらした金大中政権も、一面では同族間の和解と統一を話し合いながら、その裏面では主導権を握るためにしのぎを削り続けた。

私は再び、第三国の外交関係者たちに、カン・ミンチョルを受け入れて、自国で定着できるよう支援してもらえないかと依頼したことがある。答えはもちろん、否定的であった。本人の祖国が、そして同じ民族が何の関心も寄せない人間のために、誰がどうして尽力するだろうかと考えざるを得ないのである。

刑務所で死を迎える

カン・ミンチョルの死については、二つの食い違う証言がある。一つは彼には、死ぬ前からしばらくの間、健康に問題が生じていたという話である。実は一〇年ほど前から問題を抱えていたが、わからなかっただけであったというのだ。最初は消化不良から始まったが、後に彼は腹痛を訴えた。死亡した年の一月、カン・ミンチョルは最初、ラングーン病院で診療を受けた。病院で処方してくれた薬を服用したが、効果がなかった。その年の四月、病状が深刻になり再び病院で診療を受け、そのときには肝臓がんの診断が下った。あれほど屈強な身体を自慢していたかつての若者は、いつの間にか病にあえぐ老人になっていた。病院も刑務所もその事実を患者である彼には知らせず、必ず良くなるだろうという言葉だけをかけた。薬を飲んでも効果はなく、刑務所内でいろいろな民間療法も試したが、それも効果がなかった。急激に体重が減り、顔色も青黒く変わっていったというのである。

しかし他方で、彼と一緒に刑務所にいた人たちは、カン・ミンチョルが死ぬ前、健康にはまったく問題がなかったと言っていた。ある人は、ビルマと北朝鮮の国交の再開が決まり、その過程で彼が邪魔な存在になり、毒殺したのではないかとさえ言っていた。死ぬ前まで健康に見えたカン・ミンチョルは、ある日腹が痛くなって病院に行ったが、相変わらず元気であった。それから数日後、急に激痛に襲われ苦しんで病院に運ばれて行き、それから刑務所には戻ってこなかったと、身近で彼を世話していたヨセットは話した。

いつの日か彼の死に関する真実が、白日の下に晒《さら》される日が来るかもしれない。あるいは彼の生と同様に彼の死も、忘れ去られてしまうのかもしれない。彼と最も親しくしていたアウンテインは、毒殺説を否定した。カン・ミンチョルは実際に、数年前から健康に異常があり、呼吸困難で苦しんでいたと証言したのである。二回目に病院に移送されるとき、カン・ミンチョルはひどく衰弱していて、死ぬことを少し恐れているように見えた。アウンテインは、「怖がるな、私がお前のために祈っているから」と励ました。カン・ミンチョルは、とうとう還《かえ》らぬ身となった。アウンテインはカン・ミンチョルが病院に行く前に、彼の持ち物を鉄製の箱に入れ、刑務所の医務室に預けており、刑務所側と交渉すればそれを受け取ることができるはずだと言っていた。しかし、刑務所関係者たちに確認すると、彼の遺品は何も残っていなかった。

死ぬ前のいっとき、カン・ミンチョルは心が弱くなっていたのか、自分には祖国というものがなく、刑務所から出ても行くところがないと悲観していた。けれども、そんな言葉の最後にはいつも、受け入れてくれさえすれば、韓国に行ってみたいと付け加えていた。刑務官たちも時おりカン・ミンチョルに、「もしお前を受け入れてくれる国さえあれば、いつでも出してやることができる。しかし、お前を受け入れてくれるところがない。だからここにいるしかない」と言っていた。

彼の人生の半分は悲惨な生であったことと、死に至るときもまともな処遇を受けることができなかったことだけは、揺るぎのない事実である。彼の死因が肝臓がんによる病死であれ、他の理由であれ、一つ確かなことは、彼がまともな医療の恩恵を受けることなく死んだということである。当時ビルマの平均的な医療水準は、自国民でさえまともな医療の恩恵を受けることが難しい状況であり、外国人、しかも犯罪者で終身刑囚だったカン・ミンチョルに適切な治療が施されるわけがなかったことは明白であろう。

この世での彼の最期は、苦痛に満ちた悲鳴と身もだえ、そしてあがきであった。刑務所が呼んだ救急車は到着するまでにあまりにも時間がかかりすぎた。救急車が到着すると、すぐ病院へ移動したが、移動中にカン・ミンチョルは息を引き取った。遺言も残すことができなかった。激しい苦痛で表情をゆがめたまま死んでいった五〇代半ばの衰弱した男には、少し前までの頑丈で堂々としていた若者の姿を見出《みいだ》すことはできなかった。カン・ミンチョルは目を開けたまま死んだ。あたかも最後まで死力を尽くし、自分が何者なのかを探しているかのように見えた。二〇〇八年五月一八日午後四時三〇分のことだった。

　宗教儀式は言うまでもなく、葬式も行われなかった。警察情報局の幹部一人と刑務官一人が病院の死亡診断書を確認し、遺骸を点検する形式的な手続きを終えた後、カン・ミンチョルは火葬場で一握りの灰となって、虚空に散っていった。

エピローグ　忘れられたテロリストの死を哀悼して

二〇〇九年、韓国では何人もの重要な人物が逝去された。その中にはカトリック教会の枢機卿と、元大統領二人も含まれている。枢機卿はほとんどすべての国民から崇《あが》め慕われていた人物なので、弔問が跡を絶たず、葬儀の参列者が長蛇の列をつくった。生前の枢機卿の言葉や行動は、宗教的な領域を超えて社会の全体に対して政治的、人間的な側面で時代の先駆けとなるもので、政治や宗教的な立場を超え、彼は常にときの人として注目を集めた。

二人の元大統領も支持者が多かったから、亡くなられたときは、哀悼の意を表する人々の参列が全国的に広がった。そのうちの一人・盧武鉉の突然の死は全国民を驚かせるものだった。本人や家族の不正疑惑に関連した検察の捜査に心を痛め、苦痛と不名誉に堪えられず、自ら命を絶ったのであった。多くの国民から、元大統領家族に対する検察の捜査は行き過ぎではないかという同情が沸き上がった。

もう一人の元大統領・金大中は生涯をかけて民主化闘争を行ったため、政治的なライバルであった朴正熙により迫害を受け、まともな裁判も行われずに投獄され、長期にわたって刑務所生活を送っていた。さらに、全斗煥政権下では死刑宣告を受け、刑務所で死を待つ状態にまで追い込まれていた。その後金大中は、韓国の経済成長と民主化の実現によって大統領に当選し、特に北朝鮮に対する和解と包容政策が評価され、ノーベル平和賞を受賞した。二人の元大統領は、生前の功績により、人々の関心を集め、それ相応の待遇を受けている。追悼集会や宗教儀式と礼拝を含めたさまざまな行事が行われ、記念財団が設立され、伝記などが刊行された。

しかし、その前年に、一人の同じ民族の人間が遠い異国の刑務所で、助けてくれる人もなく四半世紀を、辛うじて生き延びた末に一人で孤独な死を迎えたときには、誰一人として、彼の死を哀悼するどころか関心さえ向けることはなかった。

息が絶える瞬間にも、彼の傍には母国語で最後の言葉を交わす人さえいなかった。当然のことであるが、涙を流してくれる人もいなかった。彼の死自体も、朝鮮半島のどこかで、韓国でも、そして特に彼の故郷である北朝鮮でも、あるいは七〇〇万人に達すると言われる海外に居住している朝鮮民族社会においても、何のニュースの種にもならなかった。彼の遺骸は火葬され、灰になって虚空に舞い散った。灰が虚空に散ったので、結局、この世で彼が生きていたという痕跡はすべてなくなったのである。

私たちは私たちの生に意味を探し、その意味を追求するのと同じように、私たちが知っている人たちの死に関しても意味を探し、これを記憶し、哀悼する。このような観点で見れば、死んだ人を記憶する追悼の言葉は単に私たちが考えているより、その意味はもっと大きいのかもしれない。私たちは、単に死者の人生とその意味を記憶するためというよりは、死者を忘れるために追悼の言葉を書き、読んでいるのではないだろうか。

少なくとも近代世界においては、死に関するものとして最も重要なものは、国家と関連した死であろう。国家と関連した死については多くの記念事業があり、それらに関する私たちの記憶がいつまでも途切れないように要求する。どの国も、国家が記念するために国立墓地をつくり、国家のための事業で命を落としたり、国家に大きな貢献をしたりした人物を記憶し、彼らの死を哀悼している。国家の樹立や維持、あるいは発展と繁栄に寄与した人々に関する記念物は、それぞれその国家が追求する目的に合致するようにつくられ、その目的を継続して推進する上で助けとなるように、国民を説得できるように設計されている。それ以外にも多くの私的な、または公的な記念物なり墓地なりがあり、今や私たちの傍からはいなくなっても、その生前の行いが私たちにとって特別な意味を持っているような人々を記憶し、哀悼している。

カン・ミンチョルの死は、南北朝鮮を通じて、誰に対しても何の意味もなかったのだろうか？　この小さな本の細《ささ》やかな記録だけが、彼の生を記憶し、死を哀悼する唯一の記念物にならなければならないのだろうか？　彼があれほどまでに心を焦がして懐かしがっていた同胞の中には、彼を追慕する人もなく、あれほどまでに帰りたがっていた祖国のどこにも、彼を記憶する場所さえ存在しない。カン・ミンチョルは韓国の国立墓地にはもちろんのこと、北朝鮮の革命烈士の陵にも入る場所がないのである。

私たちはあまりよく知らず特別に愛着もなく、そしてどうかすれば憎悪までしていた人物の死を記憶し、哀悼することができるのだろうか？　孔子の話に、知らない人の葬儀に出席して、雰囲気につられて自分も知らぬ間に泣いてしまったという逸話がある。日本の作家天童荒太の小説『悼《いた》む人』には、主人公が平素からまったく知らない人々の葬儀を探し歩いて、その人たちの生前の善き行いだけを心に留めて哀悼したという話もある。

ずいぶん前の話だが、かつて私が外国に留学していた時代、大学があった都市のある道路の曲がり角に毎日、酒浸りのホームレスがいた。私の通学路だったので毎朝彼を見ていたのだが、ある日を境に彼の姿がそこから消えた。死んだということだった。その次の週の大学新聞に彼の生と死、そしてその意味などに関する追悼の辞が載っていたのを見て、強く心が揺さぶられた記憶がある。

私は本書の主人公と、生前に一度も会ったことがない。実は彼に関しては、詳しく知っているわけでもない。したがって、個人的に愛着があるわけでもない。私が彼に関して知っていることは、今や皆がぼんやりと記憶していることだけである。すなわち彼が三八年前、その当時ビルマとして知られていた国で犯した大きな犯罪だけをぼんやりと覚えている。彼が殺そうとした肝心の大統領は難を逃れたが、多くの惜しい人材が命を落とした。残酷な災難に遭った本人やその遺族の個人的な悲劇を通り越して、当事国である韓国と北朝鮮、そしてビルマはもちろん、全世界に残酷な事件として伝わり、話題となった。

それなのに加害者である彼の生と死を、わざわざ記憶し哀悼する理由があるのかと、多くの人たちは考えるだろう。この本は、特定の政治的意図をもって書かれた本であると疑う人がいるようである。あるいは、この本に対してつまらないと顔を背け、なぜ今になって傷口をまた刺激するのかと腹を立てる人たちもおられるかもしれない。事実、この本の一部がある週刊誌に載ったとき、私たちの社会の指導者層に属している人物から、「北朝鮮こそが関心を払うべき問題だろう、どうして私たちが心を寄せねばならないのだ」と責められたことがあった。他にはこの本が、過去の政府に対する批判ではないかと目を吊《っ》り上げる人たちもいた。さらには、私に抗議する名望ある政治家もいた。

もし朝鮮民族が心から、自分たちの民族が統一を遂げて、互いに相手地域に住んでいる同族と一緒にやっていきたいと考えているのなら、一人の男性の苦痛に満ちた生と侘しい死の意味に関して、反省を込めて考えてみる必要があるのではないだろうか。私たちには冷静に考える時間が必要だと思うのである。人間として、自分が成したことに関して、あるいは成さなかったことに関して反省する以前に、民族と国家に関しての熱情を熱く語る前に、たった一人の人間の苦痛と生命にも、道徳的には民族や国家と同じくらいの重さがあるということも考えなければいけない。民族の栄光や祖国の国際社会における地位、強盛大国（北朝鮮が掲げる政治目標）建設のようなことを考える前に、二〇代半ばの若い年齢で前途有望だった青年が、一日にして身体中傷だらけの不自由な身体の囚人になって奈落の底に転落し、毎日を悲惨な状況であらゆる困難に堪えながら生き延びていた、というようなことにも想像力を働かせなければいけないと考えるのである。

この世で立派な業績を成し、多くの人々から崇め慕われた、そして大きな影響力を行使していた人たちの死と同じように、祖国から遠く離れた異国の刑務所に監禁されたまま二五年の歳月を堪えた挙げ句、孤独と苦痛の中で死んでいった一人の男性についてもその死を哀悼し、弔問の儀式が執り行われるべきではなかっただろうか。歴史には過去の反省とともに、その教訓から学ぶべきことがたくさんあるのである。

世の中には「消された人々」がいるという。一九九一年、東欧のユーゴスラビアからスロベニアが独立する過程で永住権を剝奪された、非スロベニア人一万八〇〇〇余名に達する人々を指した言葉である。彼らは永住権を剝奪されたために市民としての基本的権利さえ剝奪され、それだけでなく旅券が取得できないために海外旅行も不可能になったという。彼らに関する話として、ある作家は次のように叙述している。

この世の中で多くの「消された人々」が再び生存し生を享受できるようにする力は、公的な形でもっともらしい支援をすることではない。この人々の話に耳を傾けたときに、さらには心を開いたときに、より効果的で素晴らしい創造性に富んだ力が生まれるのではないか。

（李玧瑛《イユンヨン》「消された人たちの話」『ハンキョレ』二〇一一年二月一五日）

朝鮮半島では長い期間、同じ民族であるのにどれだけ多くの人たちが「消された」ことだろう。国家権力にとって必要であり、また権力と関係している人たちだけが記憶する価値があるのだろうか。あるいは、力がある人たちの話だけが聞く価値があるのだろうか。私たちは私たちの周りからまさに「消された」人たちの話に耳を傾けようとしたことがあっただろうか。

カン・ミンチョルという名前の男性は、言うまでもなく大きな罪を犯した犯罪者である。しかしもう一度注意深く考えてみよう。私たちは彼をひたすら凶悪犯とだけ捉えて、すべてのことを彼の個人的な責任とし、彼が蒙ったことや彼の胸にこびりついていた言葉には、耳を塞いでしまってもよいのだろうか。そればかりではない。あとに残された家族たちが、友人たちが、ある日何の言葉もなしに消えてしまった息子、兄弟、または友人についての記憶と恋しさによって苦痛を受けていても、知らぬ顔をしてよいのであろうか。

問題は、そのようなことを指示した国家が、その男性が外国の刑務所に監禁されるや、彼を否認し知らないふりをしたことである。古代ローマ法には二律背反的な名称で、「呪われた人」あるいは「神聖な人」と翻訳されるホモ・サケルという概念がある。このような名前で呼ばれた人たちは、神との約束を守れなかったために、世俗の法と神の秩序から同時に排除された存在なのだそうである。

　そのような人々はいわば現実から追放され、何の保護も受けることができないから、誰から殺されても問題にならなかった。このような宗教と世俗的な秩序が一体となっていた古代ならともかく、現代にそのようなことが起こってもよいのだろうか。国民なら誰でも、その国家の法秩序を破らない限り、国家の保護を受ける権利がある近代国家においても、起こり得る出来事なのだろうか。考えさせられることである。

　カン・ミンチョルという男性は、受刑者としての不自由な生の中でも、毎日の深刻な苦痛の中でも、そして最後の息絶える瞬間にも、祖国と故郷を懐かしがっていた。もう、彼はこの世にはいない。カン・ミンチョルは、あれほど帰りたがっていた祖国に戻ることができなかった。

　私がこの本で語ろうとしたのはもちろん、この地に生まれ、それなりに生を営み、世に志を遂げる人間として、そして国民として堂々と生きたいと思っていた一人の男性の、破綻してしまった人生に関することだけではない。

　少なくとも過去二世代にわたって朝鮮半島を支配している不条理な現実に対する、そして、そのような状況で悲惨なまでに打ちのめされた数々の生命についての告発である。ひいてはすべての政治的な権力者やその権力の論理と、そして権力が保護しなければならない一般人の切実な事情との間にある永遠の、そしていかんともしがたい乖離《かいり》に関する話である。この不条理な乖離は、さまざまに私たちを苦しめている。

さらに少し視野を広げて考えてみると、これはたとえ程度の差こそあれ、人類の歴史においで、そして現在でもすべての人が抱えている根本的な難題なのかもしれない。恐らく私たちにとって最も大きな悩みは、このような乖離と不条理を知っているのにどうにもできないという点なのだろう。

たとえ現実的には無力であろうとも、私たちが直面している状況を真《ま》っ直《す》ぐに認識することが、人間として守らなければならない道徳的な義務であるともいえる。

この本で語った不幸な男性の話が、このような認識をする上で、少しでも助けになれば幸いである。心からそう願いながら、本書を終える。

訳者あとがき

一九八三年にビルマ（現ミャンマー）のラングーン（現ヤンゴン）で起きた爆弾テロ事件は、衝撃的な事件として人々の記憶に残っている。ビルマの国立墓地アウンサン廟を訪問する全斗煥韓国大統領の暗殺を狙ったテロ事件であったが、当の全斗煥大統領は運良く難を逃れた。代わりに、現場に先に到着していた韓国とビルマの閣僚や政府関係者など二一人が一瞬にして亡くなる悲惨な出来事であった。

ビルマ政府の厳正な調査によって、事件は北朝鮮のテロリストたちによる犯行であることが判明したが、北朝鮮政府は「でっち上げである」と声明を発表し、「全斗煥政権による自作自演劇」であると反論した。

事件の真相および歴史的な背景を究明する中で、さまざまな問題点が浮かび上がった。これは南北間の権力闘争が、朝鮮半島から遠く離れた異国ビルマを舞台にして起こした事件であった。南北朝鮮においては、なぜこのような事件が頻繁に起こるのであろうか。突き詰めれば、分断によってでき上がった異なる政治体制を持つ二つの政権の存在による。

朝鮮半島の分断は、第二次世界大戦後、戦後処理の一環として、米軍とソ連軍が三八度線を境に南北にそれぞれ進駐し、彼らにとって都合の良い政治体制を構築したことから始まった。その結果、朝鮮半島は東西冷戦の最前線に位置付けられることになった。国際政治の影響を受け、南北間での対立は激しくなり、自分たちだけが「正統政権」であるという政治理念が定着し、敵対的な対立関係が現在まで続いている。同じ民族であるという同族意識を持つ反面、お互いが相手を「競争相手」として見るのではなく、「敵」とみなすことから発生する葛藤の歴史であった。南北分断は、米ソ両国の都合による妥協の産物であるが、分断の原因は日本の植民地支配にあることも否定できない事実である。

時間が経つにつれ、敵・味方の対立関係が固定し、周辺の強大国の利害関係が絡み、朝鮮半島問題は南北問題であると同時に、国際問題にもなっている。利害調整の範囲が広がり、ますます問題解決を複雑にしている。しかし、重要なことは南北当事者の意識と行動の問題であると私は考える。まずは、敵・味方の関係の解消のための努力であり、そのための信頼関係の醸成である。最も重要なことは、武力ではなく、平和的手段によって解決しようとする意志を確認し合い、すべてを透明にし、問題を一つずつ解決しながら、新しい国家像をともにつくっていくという発想が必要だということである。当然ながら国民が納得し、協力することが重要である。

国民の理解と協力を得るためには、従来の政治姿勢を一八〇度転換しなければならないことは言うまでもない。真の南北の「融和」および「統合」を考えるのであれば、遠い道程かもしれないが、これがむしろ早道になるかもしれない。朝鮮半島の平和と安定は、周辺諸国にとっても望ましいことである。政治家が自分の在職中に功績を残したがることは常識と化している。しかし、歴史的な大事業の道筋をつくることによって素晴らしい成果が生まれるのであれば、それ以上のレガシーはないものと考える。

そのためには、過去の歴史を振り返る必要がある。間違いを見つけ反省し、それを教訓にする知恵も必要である。過ちを繰り返すことは愚かな行為である。

分断から七五年が過ぎている。その間、「民族統一」の旗印の下で朝鮮戦争をはじめ、ゲリラによるテロ作戦などが繰り返されたが、すべて失敗に終わった。もちろん、平和的な手段による解決策の模索もなかったわけではない。南北首脳たちの合意によって何度も「南北共同宣言」が発表され、また、南北首脳会談が五度にわたって行われたが、その成果は限定的である。真の意味での和解策とはならなかった。相手側を壊滅させることが基本的な目的であったからである。それは不可能であることに気づくべきであろう。

一九九〇年代以後、韓国の経済成長と民主化の実現によって、南北関係だけでなく、朝鮮半島をめぐる国際環境は大きく変わった。韓国は経済力を背景に「北方外交」を推進し、対北朝鮮政策においては融和政策へと転換した。しかし、本心では経済的に劣勢である「北」を吸収合併しようとする思惑があったことも事実である。それを北朝鮮は最も警戒している。その対応として、北朝鮮が採用しているのが「先軍政治」であり、その一環として、核ミサイル開発に依存しているのが現実である。無駄なことではあるが、それしか生き残れる道はないという判断からであろう。それを理解した上で、対策を講じなければならない。

ラングーン事件は、分断の長期化とともに敵対関係の硬直化が進み、非合法的な手段によって目的を達成しようとした旧態依然の誤った政策の実例である。そのために純粋な若者たちが、植え付けられた正義感と国家への忠誠心のために、命令に従って行動したのであった。若者たちは知らない間に重大な犯罪者に仕立てられたのである。彼らは成功すれば、英雄としての待遇を受けるかもしれないが、ラングーン事件のような非合法的な「隠密作戦」では、公然と名前が出るわけでもない。失敗すれば、責任者たちは自分たちとは「無縁」であると否定し、見捨てられる身分となる。ラングーン事件とは、まさに国家の命令に忠実に従った結果、ある若者たちがその犠牲者となった事件であった。テロリストたちは大事件を起こした犯人であることは言うまでもない。しかし、犯人であっても一人の人間としての情状酌量は必要である。

テロリストの犯人にも人権があり、生きるための権利があるということに着目した羅鍾一教授が挑んで叙述したのが本書である。羅教授は国際政治学者であり、外交安保の専門家として、韓国政府機関の情報・安保担当の要職を務め、駐英大使や駐日大使などを歴任している。その経歴をフルに活用して、資料を収集し、関係者へのインタビューを通じて、事実関係を確認して執筆した。そして事件から三〇年経過した二〇一三年に『アウンサン廟テロリスト、カン・ミンチョル』を世に出した。かなり政治的な側面に踏み込んだ内容であったことから、国内事情が投影され、韓国では大きな関心を呼び起こすことはできなかったようである。しかし、海外においては大きな反響を呼んだ。『ニューヨーク・タイムズ』など、多くの海外メディアに紹介され、話題となった。

韓国語版の出版社「チャンビ」は次のような紹介文を書いた。

「一人のテロリストの生と死から見る南北対決の悲劇と国家暴力の野蛮な行為」

一九八三年一〇月九日、韓国社会はもちろん全世界に衝撃を与えた「アウンサン国立墓地テロ事件」が発生した。テロは北朝鮮の仕業であることが後に明らかにされ、それから三〇年の歳月が過ぎた。一九五〇年の朝鮮戦争以後、南北は対峙状況と和解局面を繰り返し、その過程で少なからぬ犠牲者が名もなく消えていった。アウンサン廟テロ事件の犯人「カン・ミンチョル」もその一人である。彼は国家の命令に応じ、与えられた作戦を遂行したが、失敗に終わり、遠いビルマの地で二五年間、刑務所で暮らし、その命令を下した国家から徹底的に見捨てられたまま死んでいった。

政治学者出身で国家情報院の要職にあった羅鍾一教授は、北朝鮮はもちろん韓国の関心からも遠ざかって、人間としての生をすべて奪われた一人のテロリストに対する人間的な憐憫《れんびん》を超え、南北の対峙状況から蹂躙《じゆうりん》された人権に注目し、『アウンサン廟テロリスト、カン・ミンチョル』を執筆した。単にカン・ミンチョル個人の生に対する究明ではなく、六〇年以上の分断状況が生んだ悲劇的な犠牲の歴史を喚起し、国家暴力の野蛮な実態に対する告発であるという点においても本書は意味がある。

また、漢陽《ハンヤン》大学の鄭《チョン》炳浩《ビョンホ》教授は次のような推薦文を韓国語版に寄せた。

政治学者で、国家情報機関の高位政策担当者として、国家権力の非情な属性を最もよく理解している著者が、国家権力によって怪物に育てられ無慈悲な暴力を振り回し、まさにその権力に捨てられて死に、忘れ去られた多くの魂に鎮魂曲を捧げた。今やぼんやりしてきた記憶の向こうにあるアウンサン廟テロリストの生と死を追慕する「忘却に抵抗する記憶の闘争」を通して、今日も進行中である分断体制の暴力性と非人間性を告発している。分断体制にある国家権力の背信と偽善を告発する情感溢れる証言と懺悔《ざんげ》の記録という点では、エミール・ゾラの『私は告発する』を連想させる本である。

私たちの敵、私たちが最も憎悪するテロリスト自体を一人の人間として、憐憫の情を覚え理解しようと努力した温かい視線を通して、彼らの人間性を破壊し、道具として使用し、すなわち彼らを一つの武器につくり直してその引き金を引かせてしまった国家権力の機械的な暴力性に、寒気を覚える。権力が演出したこのような不条理劇の悲劇性に対する深い理解と反省なくして、南と北の若い世代を再び「シルミド」のような所で「隠密に」育て犠牲にさせる、国家権力の作動を止めることはできないだろう。

ところで最近、韓国ドラマ「愛の不時着」が話題となっている。韓国の財閥令嬢がパラグライダーで飛行中に竜巻に巻き込まれ、軍事境界線を越えて北朝鮮側に不時着し北朝鮮の将校と出会い、二人の間に愛が芽生えるというロマンティックな物語である。敵対関係にある南北の若者たちによる、夢のような話である。しかし現実はその通りにはならないだろう。若者たちが自由に往来できて、そのような恋愛関係が自然な流れで生まれるような南北関係をつくるのが、指導者たちの役割であると私は考える。

この度、羅鍾一教授から本書の日本での出版を依頼された。韓国語版の原本など資料を送ってもらい、読んでみたところ、羅教授が政治学者として真実を追求し、国家権力の犠牲になった若者の生と死に関心を持ち、その背景にいる南北の指導者たちに警鐘を鳴らし、すべての朝鮮半島出身者および世界の知識人に訴えかける内容の啓蒙書《けいもうしょ》であった。羅教授の情熱と勇気に感動し、日本での出版の必要性を感じ、当時の日本の新聞や雑誌など資料を収集し、日本の読者向けに整えたのが本書である。そのために、日本では馴染まない部分は削除し、具体的な説明が必要な事柄については、適宜書き加え、補完した。韓国語版から日本語への翻訳は趙順南《チョウスンナム》さんがしてくれた。素晴らしい翻訳をしてくれた趙さんに感謝したい。

日本語版の原稿をまとめ、集英社に出版についての検討を依頼したところ、新書編集部の落合勝人編集長と集英社クリエイティブの庭田悟氏が興味を示し、評価して下さり、集英社新書から刊行されることとなった。日本語版の出版に私はもとより、原著者の羅鍾一教授は大変喜んでいる。集英社新書編集部の皆様に感謝申し上げたい。特に、本書の編集を担当して下さった若き編集者、石戸谷奎氏には大変お世話になった。本書の翻訳にあたって、文化の相違から表現や用語などの翻訳にずいぶん苦労したが、石戸谷氏の的確な指摘と手際よい編集作業のお陰で、洗練された、読みやすい本になった。同氏に感謝の意を表したい。また、ご協力いただいた新書編集部デスクの東田健氏にも感謝する次第である。

主人公カン・ミンチョルの没後一三年に際し、本書が刊行されることとなった。彼の霊に本書を捧げ、冥福を祈る。

二〇二一年四月

永野慎一郎

参考文献

【韓国語文献】

〈書籍〉
羅鍾一『世界の発見』慶熙大学出版部、二〇〇九年
金新朝『私の悲しい歴史を語る』東亜出版社、一九九四年
シン・ピョンキル『金正日と対南工作』北韓研究所、一九九七年
具廣烈『じゃんけん—実話小説・第三共和国秘史』ファナム、二〇一一年
金成鎬『我々が消した顔』ハンキョレ出版社、二〇〇六年
卞栄泰『外交余録』韓国日報社、一九五九年
申鳳吉『時間が止まった地、ミャンマー』ハンナレ、一九九一年
宋永植『私の話』エンブク、二〇一二年
朴昌錫『アウンサンリポート』人間サラン、一九九三年
張世東『日海財団』韓国論壇、一九九五年
王垠喆『哀悼礼賛』現代文学、二〇一二年
姜哲煥『あ！耀徳』月刊朝鮮社、二〇〇六年
〈雑誌・新聞〉
「金亨泰弁護士の備忘録」『ハンキョレ』二〇一二年五月四日

康英鎮「北韓政権が崩壊すれば北韓住民は統一を願うか」『中央日報』二〇一二年九月二九日
「北韓空軍ベトナム戦争参戦公式文書確認」『連合ニュース』二〇一一年一二月五日
イ・サンキュ「北韓の対南戦略に基づく戦術変化の過程」『北韓調査研究』第四巻第一・二合併号
羅鍾一「韓国戦争の教訓」『韓国日報』LA版、一九八七年六月二四日
カン・ミンチョル「韓国に行きたい」『週刊朝鮮』二〇〇九年三月一〇日
崔普植「張世東・金日成秘密会談の生々しい対話録」『月刊朝鮮』一九九八年九月号
李玧瑛「消された人たちの話」『ハンキョレ』二〇一一年二月一五日
『独立新聞』二〇〇九年二月二七日
『月曜新聞』一九九四年二月七日
『月刊朝鮮』二〇一〇年九月号
『中央サンデー』二〇〇八年九月七日
『週刊朝鮮』二〇〇七年五月二五日

【日本語文献】

〈書籍〉
環太平洋問題研究所編『韓国・北朝鮮総覧』Volume 3、原書房、一九九三年
金忠植／鶴眞輔訳『実録KCIA―南山と呼ばれた男たち』講談社、一九九四年
ジェームズ・リリー／西倉一喜訳『チャイナハンズ』草思社、二〇〇六年

田辺寿夫・根本敬『ビルマ軍事政権とアウンサンスーチー』角川書店、二〇〇三年
永野慎一郎『相互依存の日韓経済関係』勁草書房、二〇〇八年
和田春樹『朝鮮戦争』岩波書店、一九九五年

〈雑誌・新聞〉

加藤博「ラングーン事件裁判記録」『文藝春秋』一九九三年五月号
木下厚「ラングーン爆破事件、13年目の真実」『宝石』一九九六年二月号
名越健郎「ラングーン事件の真相とビルマの実情―ネ・ウィン時代の終わりの始まり」『世界週報』一九八三年一一月二九日
和田春樹「ラングーン事件の衝撃と不安」『世界』一九八三年一二月号
「ラングーン事件―ビルマ政府の国連報告書」『コリア評論』二七一号、一九八四年一二月
『朝日新聞』一九八三年一〇月一〇日、一〇月一一日、一〇月一六日、一一月五日、一一月六日「社説」、一一月二四日、一二月一〇日、一二月一一日「社説」
『日本経済新聞』一九八三年一〇月一〇日、一一月六日「社説」、一一月九日（夕刊）
『時事通信』一九八三年一一月八日

羅鍾一（ラ ジョンイル）

一九四〇年韓国ソウル生まれ。英国ケンブリッジ大学Ph.D.。慶熙大学教授、国家情報院海外・北朝鮮担当次長、駐英国大使、駐日本国大使、又石大学校総長等を歴任。現在、漢陽大学、国防大学、嘉泉大学碩座教授。

永野慎一郎（ながの しんいちろう）

一九三九年韓国生まれ。英国シェフィールド大学Ph.D.。大東文化大学名誉教授。NPO法人東アジア政経アカデミー代表。

ある北朝鮮《きたちょうせん》テロリストの生《せい》と死《し》 証言《しょうげん》・ラングーン事件《じけん》

集英社新書一〇六九N

二〇二一年五月二二日 第一刷発行

著者……羅鍾一《ラジョンイル》 訳者……永野慎一郎《ながのしんいちろう》

発行者……樋口尚也

発行所……株式会社集英社

東京都千代田区一ツ橋二-五-一〇 郵便番号一〇一-八〇五〇

電話 〇三-三二三〇-六三九一（編集部）

〇三-三二三〇-六〇八〇（読者係）

〇三-三二三〇-六三九三（販売部）書店専用

装幀……新井千佳子（MOTHER）

印刷所……凸版印刷株式会社

製本所……加藤製本株式会社

定価はカバーに表示してあります。

 ISBN 978-4-08-721169-6 C0222

a pilot of wisdom

集英社新書　好評既刊

赤ちゃんと体内時計 胎児期から始まる生活習慣病
三池輝久　1056-I
生後一歳半から二歳で完成する体内時計。それが健康にもたらす影響や、睡眠治療の検証などを提示する。

原子力の精神史――〈核〉と日本の現在地
山本昭宏　1057-B
広島への原爆投下から現在までを歴史的・思想史的にたどり、日本社会と核の関係を明らかにする。

「利他」とは何か
伊藤亜紗 編／中島岳志／若松英輔／國分功一郎／磯﨑憲一郎　1058-C
自己責任論を打開するヒント、利他主義。だが、そこに潜む厄介な罠も。この難問に豪華執筆陣が挑む。

ネオウイルス学
河岡義裕 編　1059-G
あらゆるものに存在するウイルスを研究する新領域の学問の諸研究と可能性を専門家二〇名が解説する。

はじめての動物倫理学
田上孝一　1060-C
いま求められる人間と動物の新たな関係を肉食やペットなどの問題を切り口に、応用倫理学から問う。

日本再生のための「プランB」 医療経済学による所得倍増計画
兪 炳匡　1061-A
一％の富裕層ではなく、残りの九九％を豊かにするための画期的な方法を提示。日本の新たな姿を構想する。

ヘイトスピーチと対抗報道
角南圭祐　1062-B
街頭デモやネット上の差別の実態を明らかにし、報道の在り方を考える「ヘイトスピーチ問題」の入門書。

最後の文人 石川淳の世界
田中優子／小林ふみ子／帆苅基生／山口俊雄／鈴木貞美　1063-F
知的自由を体現した孤高の作家、石川淳。五名の識者の解説を通し、その作品と「絶対自由」の世界に誘う。

ＭｏｔｏＧＰ 最速ライダーの肖像
西村 章　1064-H
モーターレーシングの最高峰、ＭｏｔｏＧＰ。命懸けのレースに参戦した一二人のライダーの姿を描きだす。

スポーツする人の栄養・食事学
樋口 満　1065-I
「スポーツ栄養学」の観点から、より良い結果を出すための栄養・食事術をQ＆A形式で解説する。